Taschenbücher aus dem

Gesamtwerk von Rudolf Steiner

Werke von RUDOLF STEINER in Taschenbuchausgaben:

Wahrheit und Wissenschaft / Grundlinien einer Erkenntnistheorie der Goetheschen Weltanschauung (1*)

Das Christentum als mystische Tatsache und die Mysterien des Altertums (3*)

Reinkarnation und Karma. Gesammelte Aufsätze (4*)

Westliche und östliche Weltgegensätzlichkeit (5*)

Goethes Naturwissenschaftliche Schriften (7*)

Theosophie. Einführung in übersinnliche Welterkenntnis und Menschenbestimmung (8*)

Anthroposophie, ihre Erkenntniswurzeln und Lebensfrüchte (9*)

Zur Dreigliederung des sozialen Organismus (10*)

Die Philosophie der Freiheit (11*)

Kunst und Kunsterkenntnis (12*)

Mein Lebensgang (13*)

Goethe – Sprüche in Prosa. Mit Einleitungen und Anmerkungen von Rudolf Steiner (14*)

Wie erlangt man Erkenntnisse der höheren Welten? (tb 600)

Die Geheimwissenschaft im Umriß (tb 601)

Ein Weg zur Selbsterkenntnis des Menschen / Die Schwelle der geistigen Welt (tb 602)

Metamorphosen des Seelenlebens (tb 603)

Die geistig-seelischen Grundkräfte der Erziehungskunst (tb 604)

Die Philosophie des Thomas von Aquino (tb 605)

(*) im Verlag Freies Geistesleben Stuttgart

(tb) im Rudolf Steiner Verlag, Dornach (Schweiz)

Rudolf Steiner

Die Philosophie des Thomas von Aquino

Rudolf Steiner Verlag
Dornach / Schweiz

Nach einer vom Autor nicht durchgesehenen
Vortragsnachschrift herausgegeben von der
Rudolf Steiner-Nachlaßverwaltung

Ungekürzte Ausgabe aus der Rudolf Steiner Gesamtausgabe
(Bibliographie-Nr. 74, ISBN 3-7274-0740-9)

Taschenbuchausgabe
1.–10. Tsd. Dornach 1972

Printed in Switzerland by Zbinden Druck und Verlag AG, Basel
ISBN 3-7274-6050-4

INHALT

I

THOMAS UND AUGUSTINUS

In diesen drei Tagen möchte ich über ein Thema sprechen, das gewöhnlich von einer mehr formalen Seite her betrachtet wird, und dessen Inhalt gewöhnlich nur darinnen gesehen wird, daß durch die zugrunde liegende philosophische Bewegung des Mittelalters die Stellung der philosophischen Weltanschauung zum Christentum gewissermaßen festgelegt worden sei. Da gerade diese Seite der Sache in der neueren Zeit eine Art Wiederauffrischung gefunden hat durch die Aufforderung des Papstes Leo XIII. an seine Kleriker, den Thomismus zur offiziellen Philosophie der katholischen Kirche zu machen, so hat von dieser Seite her gewiß unser gegenwärtiges Thema eine gewisse Bedeutung.

Allein, ich möchte eben nicht bloß von dieser formalen Seite her die Sache betrachten, die sich als mittelalterliche Philosophie gewissermaßen herumkristallisiert um die Persönlichkeit des *Albertus Magnus* und des *Thomas von Aquino,* sondern ich möchte im Laufe dieser Tage dazu kommen, den tieferen historischen Hintergrund aufzuzeigen, aus dem diese von der Gegenwart trotz alledem viel zu wenig gewürdigte philosophische Bewegung sich erhoben hat. Man kann sagen: In einer ganz scharfen Weise versucht Thomas von Aquino im 13. Jahrhundert das Problem der Erkenntnis, der Gesamtweltanschauung zu fassen, in einer Weise, die, man muß es ihr zugestehen, heute eigentlich schwer nachzudenken ist, weil zu dem Nachdenken Voraussetzungen gehören, die bei den Menschen der Gegenwart kaum erfüllt sind, auch wenn sie Philosophen sind. Es ist notwendig, daß man sich ganz hineinversetzen könne in die Art des Denkens des Thomas von Aquino, seiner Vorgänger und Nachfolger, daß man zu wissen vermag, wie die Begriffe zu nehmen sind, wie die Begriffe in den Seelen dieser mittelalterlichen Menschen lebten, von denen eigentlich die Geschichte der Philosophie in ziemlich äußerlicher Weise berichtet.

Sieht man nun auf der einen Seite hin auf den Mittelpunkt dieser Betrachtung, auf Thomas von Aquino, so möchte man sagen, in ihm hat man eine Persönlichkeit, die gegenüber der Hauptströmung der christlichen Philosophie des Mittelalters eigentlich als Persönlichkeit verschwindet, die, man möchte sagen, eigentlich nur der Koeffizient oder der Exponent ist für dasjenige, was in einer breiten Weltanschauungsströmung lebt und nur mit einer gewissen Universalität eben gerade durch diese eine Persönlichkeit zum Ausdrucke kommt. So daß man, wenn man von dem Thomismus spricht, sein Auge richten kann auf etwas außerordentlich Unpersönliches, auf etwas, das sich eigentlich nur offenbart durch die Persönlichkeit des Thomas von Aquino. Dagegen erblickt man sofort, daß man eine volle, ganze Persönlichkeit mit alledem, was eben in einer Persönlichkeit sich darlebt, in den Mittelpunkt der Betrachtung stellen muß, wenn man denjenigen ins Auge faßt, auf den zunächst als hauptsächlichsten Vorgänger der Thomismus zurückgeht, wenn man *Augustinus* ins Auge faßt: bei Augustinus alles persönlich, bei Thomas von Aquino alles eigentlich ganz unpersönlich. Bei Augustinus haben wir es zu tun mit einem ringenden Menschen, bei Thomas von Aquino mit der ihre Stellung zum Himmel, zur Erde, zu den Menschen, zu der Geschichte und so weiter feststellenden mittelalterlichen Kirche, die sich eigentlich sogar, könnte man, allerdings mit gewissen Einschränkungen, sagen, als Kirche ausdrückt durch die Philosophie des Thomas von Aquino.

Ein bedeutsames Ereignis liegt zwischen den beiden, und ohne daß man den Blick auf dieses Ereignis richtet, ist es nicht möglich, die Stellung dieser beiden mittelalterlichen Persönlichkeiten zueinander festzustellen. Das Ereignis, das ich meine, das ist die durch den Kaiser *Justinian* betriebene Verketzerung des *Origenes*. Die ganze Färbung der Weltanschauung des Augustinus wird erst verständlich, wenn man den ganzen historischen Hintergrund, aus dem sich Augustinus herausarbeitet, ins Auge faßt. Dieser historische Hintergrund wird aber in der Tat ein ganz anderer dadurch, daß jener mächtige Einfluß – es war in der Tat ein mächtiger Einfluß trotz vielem, was in der Geschichte der Philosophie gesagt wird – auf das Abendland aufhört, der ausgegangen ist von den Philosophenschulen in Athen, ein Einfluß, der im wesentlichen bis ins sechste Jahrhundert hinein dauerte, dann abflutete, so daß etwas zurückbleibt, was tatsächlich in der weiteren philosophischen Strömung des Abendlandes etwas ganz anderes ist als das war, in dem Augustinus noch lebendig drinnengestanden hat.

Ich werde Sie bitten müssen, zu berücksichtigen, daß heute mehr eine Einleitung gegeben wird, daß morgen das eigentliche Wesen des Thomismus hier behandelt werden soll, und daß mein Ziel, dasjenige, warum ich all das vorbringe, was ich in diesen Tagen sagen will, eigentlich erst am dritten Tage ganz zum Vorschein kommen wird. Denn sehen Sie, auch mit Bezug auf die christliche Philosophie des Mittelalters, namentlich des Thomismus, bin ich ja – verzeihen Sie einleitend diese persönliche Bemerkung – in einer ganz besonderen Lage. Ich habe öfter hervorgehoben, auch in öffentlichen Vorträgen, wie es mir einmal gegangen ist, als ich vor einer proletarischen Bevölkerung dasjenige vorgetragen hatte, was ich als die Wahrheit in dem Verlauf der abendländischen Geschichte ansehen muß. Es hat dazu geführt, daß zwar unter den Schülern eine gute Anhängerschaft da war, daß aber die Führer der proletarischen Bewegung um die Wende des 19. zum 20. Jahrhundert darauf gekommen sind, es würde da nicht echter Marxismus vorgetragen. Und obschon man sich berufen konnte darauf, daß eine Zukunftsmenschheit eigentlich doch etwas wie Lehrfreiheit anerkennen müsse, wurde mir in der maßgebenden Versammlung dazumal erwidert, diese Partei kenne keine Lehrfreiheit, sondern nur einen vernünftigen Zwang! – Und meine Lehrtätigkeit mußte, obwohl dazumal eine große Anzahl von Schülern herangezogen waren im Proletariat, damit beschlossen werden.

In einer ähnlichen Weise ging es mir an anderer Stätte mit demjenigen, was ich vor etwa jetzt neunzehn bis zwanzig Jahren sagen wollte über den Thomismus und alles dasjenige, was sich als mittelalterliche Philosophie daranschließt. Es war das die Zeit, in welcher eben um die Wende des 19. zum 20. Jahrhundert zu ganz besonderer Hochflut gekommen war dasjenige, was man gewohnt worden ist, den Monismus zu nennen. Als eine besondere Färbung des Monismus, nämlich als materialistischer Monismus, scheinbar zur Pflege einer freien, unabhängigen Weltanschauung, aber im Grunde genommen doch nur zur Pflege dieser materialistischen Färbung des Monismus, war dazumal in Deutschland der «Giordano-Bruno-Bund» begründet worden. Weil es mir unmöglich war, all das leere Phrasengerede mitzumachen, das dazumal als Monismus in die Welt ging, hielt ich im Berliner «Giordano-Bruno-Bund» einen Vortrag über den Thomismus. In diesem Vortrage suchte ich den Nachweis zu führen, daß in dem Thomismus ein wirklicher spiritueller Monismus gegeben sei, daß dieser spirituelle

Monismus gegeben sei außerdem in der Weise, daß er sich offenbart durch das denkbar scharfsinnigste Denken, durch ein scharfsinniges Denken, von dem die neuere, unter Kantschem Einfluß stehende und aus dem Protestantismus hervorgegangene Philosophie im Grunde genommen keine Ahnung hat, zu dem sie aber jedenfalls keine Kraft mehr hat. Und so hatte ich es denn auch mit dem Monismus verdorben! Es ist tatsächlich heute außerordentlich schwierig, von den Dingen so zu sprechen, daß das Gesprochene aus der wirklichen Sache herausklingt und nicht in den Dienst irgendeiner Parteifärbung sich stellt. So zu sprechen über die Erscheinungen, die ich angedeutet habe, möchte ich mich in diesen drei Tagen wiederum bestreben.

Die Persönlichkeit des Augustinus stellt sich hinein in das vierte und fünfte Jahrhundert als, wie ich schon sagte, eine im eminenten Sinne ringende Persönlichkeit. Die Art und Weise, wie Augustinus ringt, das ist dasjenige, was sich einem tief in die Seele gräbt, wenn man auf die besondere Natur dieses Ringens einzugehen vermag. Zwei Fragen sind es, die sich in einer Intensität vor des Augustinus Seele stellen, von der man heute, wo die eigentlichen Erkenntnis- und Seelenfragen verblaßt sind, wiederum eigentlich keine Ahnung hat. Die erste Frage ist die, die man etwa dadurch charakterisieren kann, daß man sagt: Augustinus ringt nach dem Wesen desjenigen, was der Mensch eigentlich als Wahrheit, als eine ihn stützende, als seine Seele erfüllende Wahrheit anerkennen könne. Die zweite Frage ist diese: Wie ist zu erklären in einer Welt, die doch nur einen Sinn hat, wenn wenigstens das Ziel dieser Welt mit dem Guten irgend etwas zu tun hat, wie ist zu erklären in dieser Welt die Anwesenheit des Bösen? Wie ist zu erklären in der menschlichen Natur namentlich der Stachel des Bösen, der eigentlich – wenigstens nach des Augustinus Ansicht – niemals zum Schweigen kommt, die Stimme des Bösen, die niemals zum Schweigen kommt, auch dann nicht, wenn der Mensch ein ehrliches und aufrichtiges Streben nach dem Guten entwickelt?

Ich glaube nicht, daß man an Augustinus wirklich herankommt, wenn man diese zwei Fragen in dem Sinne nimmt, wie sie der Durchschnittsmensch der Gegenwart, auch wenn er Philosoph ist, zu nehmen geneigt ist. Man muß nach der besonderen Färbung suchen, die für diesen Menschen des vierten und fünften Jahrhunderts diese beiden Fragen hatten. Augustinus geht ja zunächst durch ein innerlich bewegtes, man möchte sagen ausschweifendes Leben. Aber aus diesem ausschweifenden und bewegten Leben heraus tauchen ihm doch immer wieder diese beiden Fragen auf. Persönlich ist er in einen Zwiespalt hineingestellt. Der Vater ist Heide, die Mutter ist fromme Christin. Die Mutter gibt sich alle Mühe, den Sohn für das Christentum zu gewinnen. Zunächst ist der Sohn nur für einen gewissen Ernst zu gewinnnen, und dieser Ernst richtet sich zunächst nach dem Manichäismus. Wir wollen nachher einige Blicke nach dieser Weltanschauung werfen, die zunächst in den Gesichtskreis des Augustinus hereintrat, als er von einem etwas lotterigen Leben zu einem vollen Lebensernst überging. Dann fühlte er sich aber immer mehr und mehr, allerdings erst nach Jahren, abgestoßen von dem Manichäismus, und es bemächtigte sich seiner nun wiederum, nicht etwa nur aus den Tiefen der Seele heraus oder aus irgendwelchen abstrakten Höhen her, sondern aus der ganzen Zeitströmung des philosophischen Lebens heraus ein gewisser Skeptizismus, der Skeptizismus, in den zu einer gewissen Zeit die griechische Philosophie ausgelaufen war, und der sich dann erhalten hat bis in die Zeit des Augustinus.

Aber nun tritt immer mehr und mehr der Skeptizismus zurück. Es ist der Skeptizismus für Augustinus gewissermaßen nur etwas, was ihn mit der griechischen Philosophie zusammenbringt. Und dieser Skeptizismus trägt ihm zu dasjenige, was zweifellos auf seine Subjektivität, auf die ganze Haltung seiner Seele für einige Zeit einen ganz außerordentlich tiefen Einfluß geübt hat. Der Skeptizismus führt ihm eine ganz andere Richtung zu, dasjenige, was man in der Geschichte der Philosophie gewöhnlich den Neuplatonismus nennt. Und Augustinus ist viel mehr, als man gewöhnlich denkt, von diesem Neuplatonismus zugeführt worden. Die ganze Persönlichkeit und alles Ringen des Augustinus ist nur begreiflich, wenn man versteht, wie viel von neuplatonischer Weltanschauung hineingezogen ist in die Seele dieser Persönlichkeit. Und wenn man objektiv auf die Entwickelung des Augustinus eingeht, dann findet man eigentlich kaum, daß der Bruch, der in dieser Persönlichkeit war beim Übergang vom Manichäismus zum Plotinismus, sich in derselben Stärke wiederholt hat dann, als Augustinus vom Neuplatonismus zum Christentum überging. Denn man kann eigentlich sagen: Neuplatoniker in einem gewissen Sinne ist Augustinus geblieben; soweit er Neuplatoniker werden konnte, ist er es geblieben. Nur, daß er es eben nur bis zu einem gewissen Grade werden konnte. Und weil er es nur bis zu einem gewissen Grade werden konnte, trug ihn dann sein Schicksal dazu, bekannt zu werden mit der Erscheinung des Christus Jesus. Und eigentlich ist da gar kein enormer Sprung, sondern es ist in Augustinus eine naturgemäße Fortentwickelung vorhanden vom Neuplatonismus zum Christentum. So, wie in Augustinus dieses Christentum lebt, man kann dieses augustinische Christentum nicht beurteilen, wenn man nicht zunächst hinschaut auf den Manichäismus, eine eigentümliche Form, die alte heidnische

Weltanschauung zu überwinden zu gleicher Zeit mit dem Alten Testament, mit dem Judentum.

Der Manichäismus war in der Zeit, als Augustinus aufwuchs, schon eine Weltanschauungsströmung, die durchaus über Nordafrika, wo ja Augustinus aufwuchs, sich ausgedehnt hatte, in der viele Leute des Abendlandes schon lebten. Im dritten Jahrhundert etwa entstanden in Asien drüben durch *Mani*, einen Perser, ist vom Manichäismus historisch außerordentlich wenig auf die Nachwelt gekommen. Will man diesen Manichäismus charakterisieren, so muß man sagen: Mehr kommt es dabei an auf die ganze Haltung dieser Weltanschauung als auf dasjenige, was man heute wortwörtlich als Inhalt bezeichnen kann.

Dem Manichäismus ist vor allen Dingen eigentümlich, daß für ihn die Zweiteilung des menschlichen Erlebens als geistige Seite und als materielle Seite noch gar keinen Sinn hat. Die Worte oder Ideen «Geist» und «Materie» haben für den Manichäismus keinen Sinn. Der Manichäismus sieht in dem, was den Sinnen materiell erscheint, Geistiges und erhebt sich nicht über dasjenige, was sich den Sinnen darbietet, wenn er vom Geistigen spricht. Es ist in einem viel intensiveren Maße, als man gewöhnlich denkt, wo die Welt so abstrakt und intellektualistisch geworden ist, für den Manichäismus das der Fall, daß er in der Tat in den Sternen und in ihrem Gange geistige Erscheinungen, geistige Tatsachen sieht, daß er in dem Sonnengeheimnis zugleich dasjenige sieht, was als Geistiges, als Spirituelles hier auf der Erde sich vollzieht. Einerseits von Materie, andererseits von Geist zu sprechen, das hat für den Manichäismus keinen Sinn. Für ihn ist das, was geistig ist, zugleich materiell sich offenbarend, und dasjenige, was sich materiell offenbart, ist für ihn das Geistige. Daher ist es für den Manichäismus ganz selbstverständlich, daß er von Astronomischem, von Welterscheinungen so spricht, wie er auch von Moralischem und von Geschehnissen innerhalb der Menschheitsentwickelung spricht. So ist für den Manichäismus viel mehr als man denkt jener Gegensatz, den er in die Weltanschauung hineinsetzt – Licht und Finsternis, etwas Altpersisches nachahmend –, er ist für ihn zugleich durchaus ein selbstverständliches Geistiges. Und ein Selbstverständliches ist es, daß dieser Manichäismus noch spricht von dem, was da als Sonne scheinbar am Himmelsgewölbe sich bewegt, als von etwas, das auch mit den moralischen Entitäten und moralischen Impulsen innerhalb der Menschheitsentwickelung etwas zu tun hat, und daß er von den Beziehungen dieses Moralisch-Physischen, das da am Himmelsgewölbe dahingeht, zu den Zeichen des Tierkreises spricht wie zu zwölf Wesenheiten, durch die das Urwesen, das Urlichtwesen der Welt, seine Tätigkeiten spezifiziert.

Aber etwas anderes ist noch diesem Manichäismus eigen. Er sieht auf den Menschen hin, und dieser Mensch erscheint ihm keineswegs schon als dasjenige, als was uns heute der Mensch erscheint. Uns erscheint der Mensch wie eine Art Krone der Erdenschöpfung. Mag man nun mehr oder weniger materialistisch oder spiritualistisch denken, es erscheint dem Menschen heute der Mensch wie eine Art Krone der Erdenschöpfung, das Menschenreich wie das höchste Reich, oder wenigstens wie die Krönung des Tierreiches. Das kann der Manichäismus nicht zugeben. Für ihn ist das, was als Mensch auf der Erde gewandelt hat und eigentlich zu seiner Zeit noch wandelte, eigentlich nur ein spärlicher Rest desjenigen, was auf der Erde durch das göttliche Lichtwesen hätte Mensch werden sollen. Etwas ganz anderes hätte Mensch werden sollen als das, was jetzt als Mensch auf der Erde herumwandelt. Dasjenige, was jetzt als Mensch auf der Erde herumwandelt, ist dadurch entstanden, daß der ursprüngliche Mensch, den sich das Lichtwesen zur Verstärkung seines Kampfes gegen die Dämonen der Finsternis geschaffen hat, diesen Kampf gegen die Dämonen der Finsternis verloren hat, aber durch die guten Mächte in die Sonne versetzt worden ist, also aufgenommen worden ist von dem Lichtreiche selbst. Aber die Dämonen haben es doch zuwege gebracht, gewissermaßen ein Stück dieses Urmenschen dem in die Sonne entfliehenden wirklichen Menschen zu entreißen und daraus zu bilden, was das Menschen-Erdengeschlecht ist, dieses Menschen-Erdengeschlecht, das also herumwandelt wie eine schlechtere Ausgabe hier auf Erden desjenigen, was auf der Erde hier gar nicht leben könnte, weil es im großen Geisteskampfe in die Sonne entrückt werden mußte. Um wieder zurückzuführen den Menschen, der in dieser Weise wie eine schlechtere Auflage auf der Erde erschien, zu seiner ursprünglichen Bestimmung, ist dann die Christus-Wesenheit erschienen, und durch ihre Tätigkeit soll die Wirkung des Dämonischen von der Erde weggenommen werden.

Ich weiß sehr gut, meine sehr verehrten Anwesenden, daß alles das, was man im heutigen Sprachgebrauche von dieser Weltanschauung noch in Worte fassen kann, eigentlich kaum genügend sein kann; denn das ganze geht eben aus Untergründen des seelischen Erlebens hervor, die von den jetzigen wesentlich verschieden sind. Aber das Wesentliche, worauf es heute ankommen muß, das ist dasjenige, was ich schon hervorgehoben habe. Denn wie phantastisch es auch erscheinen mag, was ich Ihnen so erzähle über den Fortgang der Erdenentwickelung im Sinne der Manichäer, der Manichäismus stellte das durchaus vor nicht wie etwas, das man etwa nur im Geiste erschauen müßte, sondern wie etwas, das sich wie eine heute sinnlich genannte Erscheinung vor den physischen Augen zugleich als Geistiges abspielt.

Das war das erste, was mächtig auf Augustinus wirkte. Und die Probleme, die sich an die Persönlichkeit des Augustinus anknüpfen, gehen einem eigentlich auch nur dadurch auf, daß man diese mächtige Wirkung des Manichäismus, seines geistig-materiellen Prinzips, ins Auge faßt. Fragen muß man sich: Woraus gingen denn dic Unbefriedigtheiten des Augustinus mit dem Manichäismus hervor? Nicht eigentlich aus dem, was man den mystischen Inhalt, wie ich ihn Ihnen jetzt charakterisiert habe, nennen könnte, sondern die Unbefriedigtheit ging aus der ganzen Haltung dieses Manichäismus hervor.

Zuerst war es für Augustinus so, daß er in gewissem Sinne eingenommen war, sympathisch berührt war von der sinnlichen Anschaulichkeit, von der Bildhaftigkeit, mit der diese Anschauung vor ihn hintrat. Dann aber regte sich in ihm etwas, was gerade mit dieser Bildhaftigkeit, mit der das Materielle geistig und das Geistige materiell angeschaut wurde, nicht zufrieden sein konnte. Und man kommt wirklich nicht anders zurecht, als wenn man hier von dem, was man eigentlich bloß oftmals als eine formelle Betrachtung vor sich hat, zu der Realität übergeht, wenn man also den Blick darauf wirft, daß der Augustinus eben ein Mensch war, der im Grunde genommen den Menschen des Mittelalters und vielleicht selbst den Menschen der neueren Zeit schon ähnlicher war, als er irgendwie sein konnte denjenigen Menschen, die durch ihre Seelenstimmung die naturgemäßen Träger des Manichäismus waren. Augustinus hat bereits etwas von dem, was ich eine Erneuerung des seelischen Lebens nennen möchte.

Bei anderen Gelegenheiten mußte auch in öffentlichen Vorträgen auf das, was hier in Betracht kommt, öfters hingewiesen werden. In unserer heutigen intellektuellen, zum Abstrakten hingeneigten Zeit, da sieht man eigentlich immer in dem, was geschichtlich wird für irgendein Jahrhundert, die Wirkung, die hervorgehen soll aus dem, was das vorige Jahrhundert gebracht hat und so weiter. Beim individuellen Menschen ist es ja ein reiner Unsinn zu sagen, dasjenige, was sich zum Beispiel im achtzehnten Lebensjahre abspielt, sei in ihm eine bloße Wirkung von dem, was sich im dreizehnten, vierzehnten Jahre abgespielt habe; denn dazwischen liegt etwas, was aus den tiefsten Tiefen der Menschennatur sich heraufarbeitet, was nicht bloß Wirkung ist des Vorhergehenden in dem Sinne, wie man von Wirkung als hervorgehend aus einer Ursache berechtigt sprechen kann, sondern was eben sich hineinstellt in das menschliche Leben als aus dem Wesen der Menschheit herauskommende Geschlechtsreife. Und auch zu andern Zeiten der individuellen Menschheitsentwickelung müssen solche Sprünge in der Entwickelung anerkannt werden, wo sich etwas emporringt aus Tiefen heraus an die Oberfläche; so daß man nicht sagen kann: Was geschieht, ist nur die unmittelbar gradlinige Wirkung desjenigen, was vorangegangen ist.

Solche Sprünge vollziehen sich auch mit der Gesamtmenschheit, und man muß annehmen, daß vor einem solchen Sprung dasjenige lag, was Manichäismus war, nach einem solchen Sprung diejenige Seelenverfassung, diejenige Seelenhaltung, in der sich auch Augustinus befand. Augustinus konnte einfach nicht auskommen in seinem Seelenleben, ohne daß er aufstieg von dem, was ein Manichäer materiell-geistig vor sich hatte, zu einem reinen Geistigen, zu einem bloß im Geiste Erkonstruierten, Eranschauten. Zu etwas viel Sinnlichkeitsfreierem mußte Augustinus aufsteigen als ein Manichäer aufstieg. Deshalb mußte er sich abwenden von der bildhaften, von der anschaulichen Weltanschauung des Manichäismus. Das war das erste, was sich in seiner Seele so intensiv auslebte, und wir lesen es etwa aus seinen Worten: Daß ich mir, wenn ich Gott denken wollte, Körpermassen vorstellen mußte und glaubte, es könne nichts existieren als derartiges – das war der gewichtigste und fast der einzige Grund des Irrtums, den ich nicht vermeiden konnte.

So weist er auf diejenige Zeit zurück, in der der Manichäismus mit seiner Sinnlichgeistigkeit, Geistigsinnlichkeit in seiner Seele lebte; so weist er auf diese Zeit hin, und so charakterisiert er diese Zeit seines Lebens als einen Irrtum. Er brauchte etwas, zu dem er aufblickte als zu etwas, das der Menschenwesenheit zugrunde liegt. Er brauchte etwas, das nicht so, wie die Prinzipien des Manichäismus, in dem sinnlichen Weltenall als Geistig-Sinnliches unmittelbar zu schauen ist. Wie bei ihm alles intensiv ernst und stark sich an die Oberfläche der Seele ringt, so auch dieses: «Ich fragte die Erde, und sie sprach: Ich bin es nicht. Und was auf ihr ist, bekannte das gleiche.»

Wonach fragt Augustinus? Er fragt, was das eigentlich Göttliche sei, und er fragt die Erde, und die sagt ihm: Ich bin es nicht. – Im Manichäismus wäre ihm geantwortet worden: Ich bin es als Erde, insofern das Göttliche durch das irdische Wirken sich ausspricht. – Und weiter sagt Augustinus: «Ich fragte das Meer und die Abgründe und was vom Lebendigen sie bergen: Wir sind dein Gott nicht, suche droben über uns. – Ich fragte die wehenden Lüfte, und es sprach der ganze Dunstkreis samt allen seinen Bewohnern: Die Philosophen, die in uns das Wesen der Dinge suchten, täuschten sich, wir sind nicht Gott.» Also auch nicht das Meer und auch nicht der Dunstkreis, alles dasjenige nicht, was sinnlich angeschaut werden kann. «Ich fragte Sonne, Mond und Sterne. Sie sprachen: Wir sind nicht Gott, den du suchst.»

So ringt er sich heraus aus dem Manichäismus, gerade aus dem Element des Manichäismus, das eigentlich als das Bedeutsamste, wenigstens in diesem Zusammenhange, charakterisiert werden muß. Nach einem sinnlichkeitsfreien Geistigen sucht Augustinus. Er steht gerade in demjenigen Zeitalter der menschlichen Seelenentwickelung drinnen, in dem die Seele sich losringen muß von dem bloßen Anschauen des Sinnlichen als eines Geistigen, des Geistigen als eines Sinnlichen; denn man verkennt auch in dieser Beziehung durchaus die griechische Philosophie. Und deshalb wird der Anfang meiner «Rätsel der Philosophie» so schwer verstanden, weil ich versuchte, einmal diese griechische Philosophie so zu charakterisieren, wie sie war.

Wenn der Grieche spricht von Ideen, von Begriffen, wenn *Plato* so spricht, so glauben die heutigen Menschen, Plato oder der Grieche überhaupt meine mit seinen Ideen dasjenige, was wir heute als Gedanken oder Ideen bezeichnen. Das ist nicht so, sondern der Grieche sprach von Ideen als von etwas, das er in der Außenwelt wahrnimmt, geradeso, wie er von der Farbe oder von Tönen als Wahrnehmungen in der Außenwelt sprach. Was nur im Manichäismus umgestaltet war mit einer, ich möchte sagen, orientalischen Nuance, das ist im Grunde in der ganzen griechischen Weltanschauung vorhanden. Der Grieche sieht seine Idee, wie er die Farbe sieht. Und er hat noch das Sinnlichgeistige, Geistigsinnliche, jenes Erleben der Seele, das gar nicht aufsteigt zu dem, was wir als sinnlichkeitsfreies Geistiges kennen; wie wir es nun auffassen, ob als eine bloße Abstraktion oder als einen realen Inhalt unserer Seele, das wollen wir in diesem Augenblick noch nicht entscheiden. Das ganze, was wir sinnlichkeitsfreies Erleben der Seele nennen, das ist ja noch nicht etwas, womit der Grieche rechnet. Er unterscheidet nicht in dem Sinne wie wir zwischen Denken und äußerem sinnlichen Wahrnehmen.

Die ganze Auffassung der Platonischen Philosophie

müßte eigentlich von diesem Gesichtspunkte aus korrigiert werden, denn erst dann gewinnt sie ihr rechtes Antlitz. So daß man sagen kann: Der Manichäismus ist nur eine nachchristliche Ausgestaltung – wie ich schon sagte, mit orientalischer Nuance – desjenigen, was im Griechentum war. Man versteht auch nicht jenen großen Genialen, aber Erzphilister, der die griechische Philosophie abschließt, *Aristoteles*, wenn man nicht weiß, daß, wenn er noch spricht von den Begriffen, er zwar hart an der Grenze schon steht vom Erfassen von etwas sinnlichkeitsfreiem Abstrakten, daß er aber im Grunde genommen doch noch im Sinne der gefühlten Tradition desjenigen spricht, was auch die Begriffe noch im Umkreise der sinnlichen Welt gesehen hat wie die Wahrnehmungen.

Augustinus war einfach durch den Gesichtspunkt, zu dem sich die Menschenseelen durchgerungen hatten in seinem Zeitalter, durch reale Vorgänge, die sich in den Menschenseelen abspielten, in deren Reihen Augustinus stand als eine besonders hervorragende Persönlichkeit, Augustinus war einfach gezwungen, nicht mehr so bloß in der Seele zu erleben, wie ein Grieche erlebt hat; sondern er war gezwungen, zu sinnlichkeitsfreiem Denken aufzusteigen, zu einem Denken, das noch einen Inhalt behält, wenn es nicht reden kann von der Erde, von der Luft, vom Meer, von den Sternen, von Sonne und Mond, das einen unanschaulichen Inhalt hat. Und nach einem Göttlichen rang Augustinus, das einen solchen unanschaulichen Inhalt haben sollte. Und nun sprachen zu ihm nur Philosophien, Weltanschauungen, die eigentlich das, was sie ihm zu sagen hatten, von einem ganz anderen Gesichtspunkte aus sagten, nämlich von dem eben charakterisierten des Sinnlich-Übersinnlichen. Kein Wunder, daß, weil diese Seelen in unbestimmter Art strebten nach etwas, was noch nicht da war, und, wenn sie hinlangten wie mit geistigen Armen nach dem, was da war, sie nur finden konnten dasjenige, was sie nicht aufnehmen konnte, kein Wunder, daß diese Seelen zum Skeptizismus kamen!

Aber auf der anderen Seite war das Gefühl, auf einem sicheren Wahrheitsboden zu stehen und Aufschluß zu bekommen über die Frage nach dem Ursprung des Bösen, so stark in Augustinus, daß doch in seine Seele noch ebenso beträchtlich diejenige Weltanschauung hereingeleuchtet hat, die als Neuplatonismus am letzten Ausgange der griechischen philosophischen Entwickelung steht, namentlich in der Person des *Plotin*, und die uns auch historisch verrät – was im Grunde genommen nicht die Dialoge des Platon und am wenigsten die Aristotelische Philosophie verraten können –, wie das ganze Seelenleben dann verlief, wenn es eine gewisse Verinnerlichung, ein Hinausgehen über das Normale suchte. Plotin ist wie ein letzter Nachzügler einer Menschenart, die ganz andere Wege zur Erkenntnis, zum inneren Leben der Seele einschlug als dasjenige, was überhaupt nachher verstanden worden ist, wovon man nachher eine Ahnung entwickelt hat. Plotin steht so da, daß er dem heutigen Menschen eigentlich als Phantast erscheint.

Plotin erscheint gerade denjenigen, die mehr oder weniger in sich aufgenommen haben von der mittelalterlichen Scholastik, wie ein schrecklicher Schwärmer, ja, wie ein gefährlicher Schwärmer. Ich habe das wiederholt erleben können. Mein alter Freund *Vincenz Knauer*, der Benediktinermönch, der eine Geschichte der Philosophie geschrieben hat, und der auch ein Buch geschrieben hat über die Hauptprobleme der Philosophie von Thales bis Hamerling, war die Sanftmut selber. Dieser Mann schimpfte eigentlich nie zu andern Zeiten, als wenn man mit ihm über die Philosophie des Neuplatonismus, namentlich des Plotin, zu verhandeln hatte. Da wurde er bös und schimpfte sehr, fürchterlich über Plotin wie über einen gefährlichen Schwärmer. Und Brentano, der geistvolle Aristoteliker und Empiriker *Franz Brentano*, der aber auch die Philosophie des Mittelalters in einer außerordentlich tiefen und intensiven Weise in seiner Seele trug, er schrieb sein Büchelchen «Was für ein Philosoph manchmal Epoche macht», und da schimpft er eigentlich geradeso über Plotin, denn Plotin ist der Philosoph, der Mann, der nach seiner Meinung als ein gefährlicher Schwärmer am Ausgange des griechischen Altertums Epoche gemacht hat. Plotin zu verstehen, wird für den heutigen Philosophen tatsächlich außerordentlich schwer.

Von diesem Philosophen des dritten Jahrhunderts müssen wir zunächst sagen: Dasjenige, was wir als unseren Verstandesinhalt erleben, als unseren Vernunftinhalt erleben, was wir erleben als die Summe der Begriffe, die wir uns über die Welt machen, das ist für ihn durchaus nicht, was es für uns ist. Ich möchte sagen, wenn ich mich bildlich ausdrücken darf (es wird gezeichnet): Wir fassen die Welt auf durch Sinneswahrnehmungen, bringen dann durch Abstraktionen diese Sinneswahrnehmungen auf Begriffe und endigen so bei den Begriffen. Wir haben die Begriffe als inneres seelisches Erlebnis und sind uns, wenn wir Durchschnittsmenschen der Gegenwart sind, mehr oder weniger bewußt, daß wir ja Abstraktionen haben, etwas, was wir aus den Dingen wie herausgesogen haben. Das Wesentliche ist, wir endigen da; wir wenden unsere Aufmerksamkeit der Sinneserfahrung zu und endigen da, wo wir die Summe unserer Begriffe, unserer Ideen bilden.

Das war für Plotin nicht so. Für Plotin war diese ganze Welt der Sinneswahrnehmungen im Grunde genommen zunächst kaum vorhanden. Dasjenige aber, was für ihn etwas war, wovon er so sprach wie wir von Pflanzen, Mineralien, Tieren und physischen Menschen, das war etwas, was er nun über den Begriffen liegend sah, das war eine geistige Welt, und diese geistige Welt hatte für ihn eine untere Grenze. Diese untere Grenze waren die Begriffe. Während für uns die Begriffe dadurch gewonnen werden, daß wir zu den Sinnesdingen uns wenden, abstrahieren und die Begriffe uns bilden und sagen: Die Begriffe sind die Zusammenfassungen, die Extrakte ideeller Natur aus den Sinneswahrnehmungen –, sagte Plotin, der sich zunächst um die Sinneswahrnehmungen wenig kümmerte: Wir als Menschen leben in einer geistigen Welt, und dasjenige, was uns diese geistige Welt als ein Letztes offenbart, was wir wie ihre untere Grenze sehen, das sind die Begriffe.

Für uns liegt *unter* den Begriffen die sinnliche Welt; für Plotin liegt *über* den Begriffen eine geistige Welt, die eigentliche intellektuelle Welt, die Welt des eigentlichen Geistesreiches. Ich könnte auch folgendes Bild gebrauchen: Denken wir uns einmal, wir wären in das Meer untergetaucht, und wir blicken hinauf bis zur Meeresoberfläche, sehen nichts als diese Meeresoberfläche, nichts über der Meeresoberfläche, so wäre die Meeresoberfläche die obere Grenze. Wir lebten im Meere, und wir hätten vielleicht eben in der Seele das Gefühl: Diese Grenze umschließt uns das Lebenselement, in dem wir sind –, wenn wir für das Meer organisierte Wesen wären.

Für Plotin war das anders. Er beachtete nicht dieses Meer um sich. Für ihn war aber seine Grenze, die er da sah, die Grenze der Begriffswelt, in der seine Seele lebte, die untere Grenze desjenigen, was über ihr war; also wie wenn wir die Meeresgrenze als die Grenze gegenüber dem Luftraum und der Wolkenwelt und so weiter auffassen würden. Für Plotin, der dabei durchaus für sich die Meinung hat, daß er die wahre, echte Anschauung des Plato fortsetzt, für Plotin ist dieses, was über den Begriffen liegt, zugleich dasjenige, was

Plato die Ideenwelt nennt. Diese Ideenwelt ist zunächst durchaus etwas, wovon man als *einer* Welt spricht im Sinne des Plotinismus.

Nicht wahr, es wird Ihnen allen nicht einfallen, selbst wenn Sie subjektivistisch oder Anhänger der modernen subjektivistischen Philosophie sind, wenn Sie hinaussehen auf die Wiese zu sagen: Ich habe meine, du hast deine Wiese, der dritte hat seine Wiese –, auch wenn Sie überzeugt sind davon, daß sie alle eben nur die Vorstellung der Wiese haben. Sie reden von der einheitlichen Wiese, von der einen Wiese, die draußen ist; so Plotin zunächst von der einen Ideenwelt, nicht von der Ideenwelt dieses Kopfes, oder eines zweiten Kopfes, oder der Ideenwelt im dritten Kopfe. An dieser Ideenwelt – und das merkt man ja schon aus der ganzen Art und Weise, wie man den Gedankengang zu charakterisieren hat, der zu dieser Ideenwelt führt –, an dieser Ideenwelt nimmt nun teil die Seele. So daß wir also sagen können: Gewissermaßen entfaltet sich aus der Ideenwelt heraus, diese Ideenwelt erlebend, die Seele, die Psyche. Und ebenso wie die Ideenwelt die Psyche, die Seele schafft, so schafft sich die Seele ihrerseits erst die Materie, in der sie verkörpert ist. So daß also dasjenige, woraus die Psyche ihren Leib nimmt, im wesentlichen ein Geschöpf dieser Psyche ist.

Da aber ist erst der Ursprung der Individuation, da erst gliedert sich die Psyche, die sonst teilnimmt an der einheitlichen Ideenwelt, da gliedert sie sich in den Leib A, in den Leib B und so weiter ein, und dadurch entstehen erst die Einzelseelen. Die einzelnen Seelen entstehen dadurch, daß gewissermaßen die Psyche eingegliedert wird in die einzelnen materiellen Leiber. Geradeso, wie wenn ich eine große Menge Flüssigkeit hätte als eine Einheit, dann zwanzig Gläser nehmen und jedes mit dieser Flüssigkeit vollschütten würde, so daß ich überall diese Flüssigkeit, die als solche eine Einheit ist, nun drinnen hätte, geradeso habe ich überall die Psyche drinnen dadurch, daß die Psyche sich in Leibern, die sie sich aber selbst schafft, verkörpert. So daß im plotinischen Sinne der Mensch sich anschauen kann zunächst seiner Außenseite nach, seinem Gefäß nach. Das ist aber im Grunde genommen nur dasjenige, wodurch die Seele sich offenbart, wodurch die Seele sich auch individualisiert. Dann hat der Mensch innerlich zu erleben seine Seele selbst, die sich hinauferhebt zu der Ideenwelt. Dann gibt es eine höhere Art des Erlebens. Daß man von abstrakten Begriffen redet, das hätte für einen Plotinisten keinen Sinn; denn solche abstrakten Begriffe, ja, ein Plotinist würde gesagt haben: Was soll das sein, abstrakte Begriffe? Es können doch Begriffe nicht abstrakt sein, Begriffe können doch nicht in der Luft hängen, sie müssen doch irgendwie vom Geiste heruntergesenkt sein, sie müssen doch die konkreten Offenbarungen des Geistigen sein.

Man hat also unrecht, wenn man so interpretiert, daß das, was man als Ideen gegeben hat, irgendwelche Abstraktionen seien. Das ist der Ausdruck einer intellektuellen Welt, einer Welt der Geistigkeit. Es ist dasjenige, was auch im gewöhnlichen Erleben bei denjenigen Menschen vorhanden war, aus deren Verhältnissen Plotin und die Seinigen herauswuchsen. Für die hatte ein solches Reden über Begriffe, wie wir es heute entfalten, überhaupt keinen Sinn, denn für sie gab es nur ein Hereinragen der geistigen Welt in die Seelen. Und an der Grenze dieses Hereinragens, im Erleben, ergab sich diese Begriffswelt. Erst dann aber, wenn man sich vertiefte, wenn man weiterentwickelte die Seele, ergab sich das, was nun der gewöhnliche Mensch nicht wissen konnte, was eben ein solcher erlebte, der zu einem höheren Erleben sich aufschwang. Er erlebte dann dasjenige, was noch über der Ideenwelt war, das Eine, wenn man es etwa so nennen will,

Erleben des Einen, was für Plotin dasjenige war, das für keine Begriffe zu erreichen war, weil es eben über der Begriffswelt war, das nur zu erreichen war, wenn man begriffslos ins Innere sich versenken konnte, und das charakterisiert ist durch das, was wir hier in unserer Geisteswissenschaft Imagination nennen. Sie können darüber nachlesen in meinem Buche «Wie erlangt man Erkenntnisse der höheren Welten?», nur daß dasjenige, was in diesem Buche gemeint ist, im Sinne der Gegenwart ausgebildet ist, während es bei Plotin im Sinne des alten ausgebildet war. Was da die Imagination genannt werden kann, das versenkt sich nach Plotin in dasjenige, was über der Ideenwelt steht.

Aus dieser Gesamtanschauung der Welt ergab sich für Plotin eigentlich auch alles Erkennen über die menschliche Seele. Es liegt ja eigentlich schon darinnen. Und man kann nur Individualist im Sinne Plotins sein, indem man zu gleicher Zeit ein Mensch ist, der anerkennt, wie der Mensch sich hinauflebt in etwas, das über alle Individualität erhaben ist, wie sich der Mensch hinauflebt in ein Geistiges, in das er sich gewissermaßen nach oben erhebt, während wir heute in unserem Zeitalter mehr die Gewohnheit haben, unterzutauchen in das Sinnliche. Das alles aber, was da der Ausdruck von etwas ist, was also selbst schon ein richtiger Scholastiker als Schwärmerei ansieht, das ist für Plotin nichts etwa Erdachtes, das sind für Plotin keine Hypothesen. Für Plotin war das so sichere Wahrnehmung, bis zu dem Einen hin, das eben nur in Ausnahmefällen erlebt werden konnte, für Plotin war es so sichere Wahrnehmung, so selbstverständliche Wahrnehmung, wie für uns eben heute Mineralien, Pflanzen, Tiere Wahrnehmungen sind. Er sprach nur im Sinne von etwas, das wirklich unmittelbar von der Seele erlebt wird, wenn er sprach von der Seele, dem Logos, der teilnimmt an dem Nous, an der Ideenwelt und an dem Einen.

Für Plotin war gewissermaßen die ganze Welt eine Geistigkeit; wieder eine andere Nuance von Weltanschauung, als es der Manichäismus war und als dasjenige, wonach Augustinus strebte. Der Manichäismus erkennt ein Sinnlich-Übersinnliches; für ihn haben die Worte und Begriffe Materie und Geist noch keinen Sinn. Augustinus ringt darnach, aus seiner sinnlichen Anschauung heraus nach einem sinnlichkeitsfreien geistigen Erleben der Seele zu kommen. Für Plotin ist die ganze Welt ein Geistiges, für ihn sind Sinnendinge nicht da. Denn das, was materiell erscheint, ist nur die Offenbarungsart, die unterste Offenbarungsart des Geistigen. Alles ist Geist, und dringen wir nur tief genug in die Dinge hinein, so offenbart sich alles als Geist.

Das ist etwas, womit Augustinus nicht ganz mitgehen konnte. Warum? Weil er die Anschauung nicht hatte. Weil er eben schon in seinem Zeitalter lebte als – ja, wenn ich Plotin einen Nachzügler nennen möchte der alten Zeiten, wo man solche Anschauungen hatte, der aber noch hereinragte ins dritte Jahrhundert, so war Augustinus eben ein Vorzügler, im Gegensatze zu dem Nachzügler – ein Vorzügler derjenigen Menschen, die nicht mehr fühlen, empfinden, wahrnehmen konnten, daß in der Ideenwelt eine geistige Welt nach unten sich offenbart. Er schaute das eben nicht mehr. Er konnte es sich nur erzählen lassen. Er konnte es nur von andern erfahren. Er konnte nur darauf kommen, daß man das sagte, und er konnte noch ein Gefühl dafür entwikkeln, daß darinnen etwas stecke, was ein menschlicher Weg zur Wahrheit ist. Das war der Zwiespalt, in dem Augustinus dem Plotinismus gegenüberstand. Aber eigentlich wurde er niemals davon ganz abgelenkt, hinzustreben nach einem inneren Verständnis dieses Plotinismus. Aber das Schauen eröffnete sich ihm nicht. Er ahnte nur: In dieser Welt muß etwas drinnen sein. Aber er konnte sich nicht durchringen.

Das war die Seelenstimmung, in der Augustinus sich in Einsamkeiten zurückzog, aus welchen Einsamkeiten heraus er dann die Bibel und das Christentum kennenlernte, später die Predigten des Ambrosius, die Paulus-Briefe. Und es war die Seelenstimmung, die ihn endlich dazu brachte, zu sagen: Dasjenige, was der Plotin gesucht hat als das Wesen der Welt zunächst im Wesen der Ideenwelt, des Nous, oder in dem Einen, das man nur in besonderen Vorzugszuständen der Seele erreicht, das ist ja leibhaftig erschienen auf der Erde in menschlicher Gestalt durch den Christus Jesus. – Das sprang ihm als eine Überzeugung aus der Bibel hervor: Du brauchst nicht hinaufzudringen zu dem Einen, du brauchst nur hinzuschauen zu dem, was dir die historische Tradition von dem Christus Jesus vermittelt. Da ist der Eine herabgestiegen, ist Mensch geworden.

Und Augustinus tauscht die Kirche ein für die Philosophie des Plotin. Daß er die Kirche eintauscht, spricht er eigentlich klar genug aus. Er spricht es aus, indem er sagt: «Wer könnte so verblendet sein, zu sagen, die Kirche der Apostel verdiene keinen Glauben, die so treu ist und von so vieler Brüder Übereinstimmung getragen, daß sie deren Schriften gewissenhaft den Nachkommen überlieferte, wie sie auch deren Lehrstühle bis zu den gegenwärtigen Bischöfen herab mit streng gesicherter Nachfolge erhalten hat.» Das ist dasjenige, worauf jetzt Augustinus aus der gekennzeichneten Seelenstimmung heraus den Hauptwert legt, daß ja schließlich, wenn man nur nachgeht durch die Jahrhunderte hindurch, nachgewiesen werden kann: Es hat Menschen gegeben, die haben die Schüler des Herrn noch gekannt, und es ist eine fortlaufende Tradition glaubwürdiger Art vorhanden, daß auf der Erde erschienen ist dasjenige, was Plotin auf dem angedeuteten Wege zu erringen suchte.

Und nun entstand in Augustinus das Bestreben, so weit er

in den Plotinismus eindringen konnte, diesen Plotinismus zum Verständnisse desjenigen zu verwenden, was sich ihm für sein Gefühl, für seine Empfindung, für seine innere Wahrnehmung durch das Christentum erschlossen hatte. Er wendete tatsächlich dasjenige, was er durch den Plotinismus bekommen hatte, an, um das Christentum und seinen Inhalt zu verstehen. So formte er zum Beispiel den Begriff des Einen um. Für Plotin war das Eine ein Erlebnis; für Augustinus, der bis zu diesem Erlebnis nicht dringen konnte, wurde das Eine etwas, was er mit dem abstrakten «Sein» bezeichnete, Ideenwelt etwas, was er mit dem abstrakten Begriff des «Wissens» bezeichnete, Psyche etwas, was er mit dem abstrakten Begriff «Leben» oder auch mit dem Begriff «Liebe» bezeichnete. Daß Augustinus so verfuhr charakterisiert uns am allerbesten, daß er versuchte, die geistige Welt, aus der er sich den Christus Jesus stammend dachte, mit neuplatonischen, mit plotinischen Begriffen zu erfassen: daß da über den Menschen eine geistige Welt ist, aus der der Christus stammt. Die Dreigeteiltheit, das war etwas, was dem Augustinus aus dem Plotinismus heraus klargeworden war. Es wurden für Augustinus die drei Persönlichkeiten der Trinität – der Vater, der Sohn, der Geist – aus dem Plotinismus klar.

Eine ——————— Sein	}	
Ideenwelt ————— Wissen	}	Trinität
Psyche ————— Leben – Liebe	}	

Und will man nun im Ernste fragen: Was erfüllte die Seele des Augustinus, wenn er von den drei Personen sprach? –

so muß man antworten: Es erfüllte ihn dasjenige, was er von Plotin gelernt hatte. Und er trug auch in dasjenige, was ihm Bibelverständnis war, das hinein, was er von Plotin gelernt hatte. Man sieht, wie das noch weiter fortwirkt, denn diese Trinität wird wiederum lebendig zum Beispiel in *Scotus Erigena,* der am Hofe Karls des Kahlen im neunten Jahrhundert lebte, und der ein Buch über die Teilung, über die Gliederung der Natur geschrieben hat, in dem wir eine ähnliche Trinität noch finden. Christentum interpretiert seinen Inhalt aus dem Plotinismus heraus.

Was aber Augustinus ganz besonders stark blieb aus diesem Plotinismus heraus, das war etwas Grundwesentliches für diesen Plotinismus. Denken Sie sich doch, daß ja eigentlich nur, indem die Psyche hinunterragt in das Materielle wie in ein Gefäß, der Mensch eine irdische Individualität ist. Gehen wir nur etwas hinauf in das höhere Wesenhafte, steigen wir vom Menschlichen zum Göttlichen oder Geistigen auf, wo die Trinität wurzelt, dann haben wir es nicht mehr mit dem einzelnen Menschen zu tun, dann haben wir es gewissermaßen mit der Gattung, mit der Menschheit zu tun.

Wir lenken nicht mehr in dieser starken Weise aus unseren heutigen Begriffen heraus unsere Vorstellungen der ganzen Menschheit zu, wie Augustinus das getan hat aus dem Plotinismus heraus. Ich möchte sagen, von da unten angesehen nehmen sich die Menschen als Individuen aus; von oben angesehen – wenn man das hypothetisch so sagen darf – nimmt sich die ganze Menschheit als eine Einheit aus. Von diesem Gesichtspunkte wuchs nun auch, von vorne gesehen, die ganze Menschheit für Plotin in Adam zusammen. Adam war die ganze Menschheit. Und indem Adam hervorging aus der geistigen Welt, war er eine Wesenheit, mit der Erde verbunden, die freien Willen hatte, und die, weil in ihr lebte dasjenige, was da droben noch war – nicht dasjenige, was aus der Verirrung der Materie stammt –, unfähig war zu sündigen. Unmöglich war es diesem Menschen, der zunächst Adam war, zu sündigen, unfrei zu sein, und damit auch unmöglich, zu sterben. Da kam die Wirkung desjenigen, was Augustinus empfand als den Gegengeist, als die satanische Wesenheit. Die versuchte, verführte den Menschen. Er fiel in die Materie, und damit die ganze Menschheit.

Sehen Sie, insofern steht mit seiner aufgenommenen Erkenntnis Augustinus ganz in dem drinnen, was der Plotinismus ist. Die ganze Menschheit ist ihm eines. Es sündigt nicht der einzelne Mensch, es sündigt in Adam die ganze Menschheit. Geht man ein auf das, was oftmals zwischen den Zeilen namentlich der letzten Schriften des Augustinus lebt, so sieht man, wie außerordentlich schwer es Augustinus geworden ist, so seine Blicke auf die ganze Menschheit zu werfen, auf die Möglichkeit zu werfen, daß die ganze Menschheit sündigt. Denn es liegt in ihm schon eben der moderne Mensch, der Vorzügler im Gegensatze zum Nachzügler. Es lebte in ihm der individuelle Mensch, der eine Empfindung dafür hatte, daß der einzelne Mensch immer mehr und mehr verantwortlich wird für das, was er tut und lernt. Fast als etwas Unmögliches erschien es Augustinus in gewissen Augenblicken, zu empfinden, daß der einzelne Mensch nur ein Glied in der ganzen Menschheit ist. Aber der Neuplatonismus, der Plotinismus war so fest bei ihm, daß er doch wiederum nur den Blick auf die ganze Menschheit werfen konnte. Und so war dieser Zustand bei den ganzen Menschen – der Zustand der Sünde, des Sündigens, des Sterbens – übergegangen in den Zustand des Nichtfreiseinkönnens, des Nichtunsterblichseinkönnens.

Die ganze Menschheit war damit gefallen, hatte sich abgewendet von ihrem Ursprung. Und Gott würde, wenn er bloß gerecht wäre, die Menschheit nun einfach verworfen haben. Er ist aber nicht bloß gerecht, er ist auch barmherzig. So empfand es Augustinus. Daher beschloß Gott, einen Teil der Menschheit – wohlgemerkt: einen Teil der Menschheit – zu retten. Das heißt, Gottes Ratschluß bestimmte einen Teil der Menschheit zum Empfangen der Gnade, wodurch dieser Teil der Menschheit zurückgeführt wird von dem Zustande des Nichtfreiseinkönnens, des Nichtunsterblichseinkönnens, in den Zustand des Freiseinkönnens, des Unsterblichseinkönnens, was allerdings erst nach dem Tode vollständig verwirklicht werden kann. Ein Teil der Menschheit wird in diesen Zustand zurückversetzt. Der andere Teil der Menschheit – das sind die nicht Erwählten –, der bleibt in dem Zustand der Sünde. So daß die Menschheit in diese zwei Teile zerfällt: in diejenigen, die erwählt sind, und in diejenigen, die verworfen sind. Und sieht man im augustinischen Sinne hin auf die Menschheit, so zerfällt sie einfach in diese zwei Glieder, in diejenigen, die zur Seligkeit bestimmt sind ohne ihr Verdienst, bloß weil es im göttlichen Weltenplan weise so eingerichtet ist, und in solche, die, was sie auch immer machen, die Gnade nicht erringen können, die determiniert sind, prädestiniert sind, in Verdammnis zu fallen. Diese Anschauung, die man auch die Prädestinationslehre nennt, die ergab sich für Augustinus aus der Art heraus, wie er seinen Blick auf die gesamte Menschheit hinrichtete. Wenn die gesamte Menschheit sündigte, so war eigentlich die gesamte Menschheit wert, das Schicksal des Teiles der Menschheit zu erfahren, der verworfen wurde.

Welche furchtbaren geistigen Kämpfe sich aus dieser Prädestinationslehre ergeben haben, wie der Pelagianismus, der Semipelagianismus daraus herausgewachsen sind, davon soll dann morgen gesprochen werden. Aber heute möchte ich nur ganz zum Schlusse noch hinzufügen: Wir sehen nun, wie Augustinus als lebendig ringende Persönlichkeit drinnensteht zwischen jener Anschauung, die nach dem Geistigen hinaufgeht, und für deren Blick die Menschheit ein Ganzes wird. Das legt er sich in seinem Sinn, im Sinn der Prädestinationslehre aus. In seiner Seele aber lebt der Drang, aus der menschlichen Individualität aufzusteigen zu einem sinnlichkeitsfreien Geistigen, einem Geistigen, das wiederum nur aus der Individualität stammen kann. Das war eben das Charakteristikon des Zeitalters, dessen Vorzügler der Augustinus ist, daß dieses Zeitalter gewahr wurde, was im Altertum nicht gewahr worden sind die Menschen: das individuelle Erleben.

Heute nimmt man ja vieles als Phrase. Klopstock war noch ernst, nicht Phraseur, als er seinen «Messias» mit den Worten begann: Singe, unsterbliche Seele, der sündigen Menschen Erlösung. – Homer hat begonnen, ebenso ehrlich und aufrichtig: Singe, o Göttin, mir von dem Zorn ... oder: Singe, o Muse, mir von dem Manne, dem vielgewanderten Odysseus. – Diese Leute sprachen nicht von dem, was in der Individualität drinnenlebt; die sprachen von dem, was als allgemeine Menschheit, als Gattungsseele, als Psyche durch sie spricht. Das ist keine Phrase, wenn Homer die Muse singen läßt statt seiner selbst. Daß man sich als Individualität empfinden kann, das kommt erst auf. Und Augustinus ist einer der ersten derjenigen, die im Grunde genommen eigentlich erst empfanden das individuelle Dasein des Menschen mit der individuellen Verantwortlichkeit. Deshalb lebte er in diesem Zwiespalt drinnen. Aber es entstand eben in seinem Erleben das individuelle Streben nach dem unsinnlichen Geistigen. In ihm war ein persönliches, subjektives Ringen.

In der Folgezeit wurde verschüttet auch dasjenige Verständnis noch, das Augustinus haben konnte für den Plotinismus. Und nachdem die griechischen Philosophen, die letzten Nachzügler des Platon, und Plotin in die Verbannung nach Persien hinüber auswandern mußten, nachdem diese letzten Philosophen in der Akademie von Gondishapur dann ihre Nachkommen gefunden haben, da versiegte im Abendlande dieses Hinaufschauen nach dem Geistigen, und nur dasjenige blieb, was der Generalphilister Aristoteles als filtrierte griechische Philosophie auf die Nachwelt überliefert hat, aber auch das nur in einzelnen Fragmenten. Das pflanzte sich fort, kam dann auf dem Umwege, wie wir sehen werden, über die Araber nach Europa herein. Das war dasjenige, was kein Bewußtsein mehr hatte von der eigentlichen Ideenwelt, was keinen Plotinismus mehr im Leibe hatte. Und so blieb die große Frage übrig: Der Mensch muß das Geistige ja aus sich selbst herausspinnen. Der Mensch muß das Geistige als Abstraktion gebären. Wenn er die Löwen sieht und den Begriff des «Löwen» dazu denkt, wenn er die Wölfe sieht und den Begriff «Wolf» dazu denkt, wenn er den Menschen sieht und den Begriff des «Menschen» dazu denkt, so sind diese Begriffe nur in ihm lebend, so steigt das aus der Individualität auf.

Die ganze Frage hätte noch keinen Sinn für einen Plotin gehabt; jetzt bekommt diese Frage einen Sinn. Und jetzt bekommt diese Frage noch einen tiefen, anderen Sinn. Augustinus hat noch mit dem, was aus dem Plotinismus in seine Seele hereingeleuchtet hat, erfassen können das Mysterium des Christus Jesus. Das war verschüttet, was als solcher Plotinismus da war; mit der Schließung der Philosophenschule in Athen 529 durch den Kaiser Justinian war der lebendige Zusammenhang mit solchen Anschauungen abgebrochen. Verschiedene haben in tiefer Weise empfunden, was es heißt: Uns wird gesprochen von einer geistigen Welt in der Tradition, in der Schrift; wir erleben aus der Individualität heraus übersinnnliche Begriffe, vom Sinnlichen abgezogene Begriffe. Wie stehen wir mit diesen Begriffen zum Sein? Wie stehen wir mit diesen Begriffen zur Wesenheit der Welt? Lebt dasjenige, was wir uns als Begriffe bilden, nur als etwas Willkürliches in uns, oder hat es etwas zu tun mit der äußeren Welt?

In dieser Form tauchten die Fragen auf, in äußerster Abstraktion, aber in einer Abstraktion, die tiefernste menschliche und ganz mittelalterlich-kirchliche Angelegenheiten waren. In dieser Abstraktion, in dieser Herzensinnigkeit tauchten die Fragen auf in den beiden Persönlichkeiten des Albertus Magnus und des Thomas von Aquino. Sie wurden dann, wiederum verabstrahiert, die Fragen zwischen Realismus und Nominalismus genannt. Wie steht man zu einer Welt, von der uns berichtet wird durch diejenigen Begriffe, die nur in uns selbst aus unserer Individualität heraus geboren werden können? Das war die große Frage, die sich die mittelalterlichen Scholastiker vorgelegt haben. Und wenn Sie bedenken, welche Form der Plotinismus in der Prädestinationslehre des Augustinus angenommen hat, dann werden Sie die ganze Tiefe dieser scholastischen Frage fühlen können: Nur ein Teil der Menschheit, und der nur durch Gottes Ratschluß, konnte der Gnade teilhaftig werden, das heißt, zur Seligkeit gelangen; der andere Teil war zur ewigen Verdammnis von vornherein bestimmt, was er auch tun mochte. Dasjenige aber, was der Mensch als seinen Erkenntnisinhalt sich erringen konnte, das ging ja gerade aus dem hervor, aus was Augustinus noch nicht seinen Begriff, den furchtbaren Begriff der Prädestinationslehre hat umbilden können, das ging hervor aus der menschlichen Individualität. Für Augustinus war die Menschheit ein Ganzes, für Thomas war jeder einzelne Mensch eine Individualität.

Wie hängt dieser große Weltenprozeß der Prädestination, wie ihn Augustinus sah, mit dem zusammen, was die einzelne menschliche Individualität erlebt? Wie hängt zusammen dasjenige, was Augustinus eigentlich ganz abgeworfen hat, mit dem, was die einzelne menschliche Individualität sich erringen kann? Man bedenke: Augustinus hat, weil er die menschliche Individualität nicht zur Geltung bringen wollte, die Prädestinationslehre hingenommen, ausgelöscht die menschliche Individualität um der Menschheit willen; Thomas von Aquino hatte nur den einzelnen Menschen mit seinem Erkenntnisstreben vor sich. Aus dem, was Augustinus ausgeschlossen hat aus seiner Menschheitsbetrachtung, mußte Thomas die menschliche Erkenntnis und ihr Verhältnis zur Welt suchen.

Es genügt nicht, daß man eine solche Frage abstrakt und verstandesmäßig und rationalistisch stellt. Es ist notwendig, daß man eine solche Frage mit dem ganzen Herzen faßt, mit der ganzen menschlichen Persönlichkeit faßt. Dann wird man ermessen können, wie diese Frage lastete auf denjenigen Menschen, die ihre Träger im 13. Jahrhundert waren.

II

DAS WESEN DES THOMISMUS

Was ich mich gestern besonders hervorzuheben bemühte, das war, daß in jener geistigen Entwickelung des Abendlandes, die dann ihren Ausdruck in der Scholastik gefunden hat, nicht bloß dasjenige spielt, was man in abstrakten Begriffen erfassen kann und was sich etwa in abstrakten Begriffen, in einer Entwickelung abstrakter Begriffe vollzogen hat, sondern daß dahinter eine reale Entwickelung der Impulse der abendländischen Menschheit steht. Ich meine das so: Man kann zunächst, wie man ja das zumeist in der Philosophiegeschichte macht, den Blick auf dasjenige richten, was man bei den einzelnen Philosophenpersönlichkeiten findet. Man kann verfolgen, wie gewissermaßen die Ideen, dic man bei einer Persönlichkeit des 6., 7., 8., 9. Jahrhunderts findet, dann fortgesponnen werden von Persönlichkeiten des 10., 11., 12., 13. Jahrhunderts, und man kann durch eine solche Betrachtung den Eindruck gewinnen, ein Denker habe von dem anderen gewisse Ideen übernommen und es liege eine gewisse Evolution von Ideen vor.

Das ist eine geschichtliche Betrachtung des geistigen Lebens, die allmählich verlassen werden müßte. Denn dasjenige, was sich so abspielt, was sich offenbart aus den einzelnen menschlichen Seelen heraus, das sind doch eigentlich nur Symptome für ein tieferes Geschehen, das gewissermaßen hinter der Szene der äußeren Vorgänge liegt. Und dieses Geschehen, das sich abspielte von etwa ein paar Jahrhunderten an schon bevor das Christentum begründet worden ist, dann in den ersten nachchristlichen Jahrhunderten bis in die Zeit der Scholastik hinein, ist ein ganz organischer Vorgang im Werden der abendländischen Menschheit. Ohne den Blick hinzurichten auf diesen organischen Vorgang, ist es ebenso unmöglich, darüber Aufschluß zu bekommen, wie über dasjenige, was Entwickelung, sagen wir vom zwölften bis zum zwanzigsten menschlichen Lebensjahre ist, wenn man nicht den wichtigen Einschlag in diesem Lebensalter ins Auge fassen würde, der mit der Geschlechtsreife und all den Kräften, die sich da aus den Untergründen der menschlichen Wesenheit heraufarbeiten, verbunden ist. So wühlt sich herauf aus den Tiefen dieses ganzen großen Organismus europäischer Menschheit etwas, was man eben dadurch charakterisieren kann – man könnte auch andere Charakteristiken erfinden –, daß man sagt: Sehr ehrlich und aufrichtig haben jene alten Dichter gesprochen, die etwa wie Homer begannen ihre epischen Gedichte: Singe mir, Göttin, den Zorn des Peleiden Achilleus –, oder: Singe mir, Muse, die Taten des vielgewanderten Mannes. – Diese Leute haben nicht eine Phrase sagen wollen, diese Leute haben empfunden als inneren Tatbestand ihres Bewußtseins, daß nicht ein einzelnes individuelles Ich sich da aussprechen will, sondern daß sich aussprechen will, was in der Tat empfunden wurde als ein höheres Geistig-Seelisches, das hereinspielt in den gewöhnlichen Bewußtseinszustand des Menschen.

Und wiederum – ich sagte es schon gestern – war *Klopstock* aufrichtig und durchschaute in einer gewissen Beziehung diesen Tatbestand, wenn auch vielleicht nur instinktiv, als er seine «Messias»-Dichtung begann; jetzt nicht: Singe, o Muse –, oder : Singe, o Göttin, von der Erlösung der Menschen –, sondern als er sagte: Singe, unsterbliche Seele –, also: Singe, individuelles Wesen, das in dem einzelnen Menschen als einer Individualität wohnt. Als Klopstock seinen «Messias» schrieb, war allerdings dieses individuelle Fühlen in der einzelnen Seele schon weit vorgeschritten. Aber dieser innere Trieb, die Individualität herauszukehren, individuell das Leben zu gestalten, bildete sich im eminentesten Sinne in dem Zeitalter aus, das etwa von der Begründung des Christentums bis zu der Hochscholastik verläuft. In dem, was die Philosophen gedacht haben, kann man nur das Oberste sehen, dasjenige, was an die alleräußerste Oberfläche hinaufgeht von dem, was in den Tiefen der ganzen Menschheit sich vollzieht: das Individuellwerden des Bewußtseins europäischer Menschen. Und ein wesentliches Moment in der Verbreitung des Christentums durch diese Jahrhunderte ist die Tatsache, daß diejenigen, welche die Träger dieser Verbreitung waren, hineinsprechen mußten in eine Menschheit, die aus den Tiefen ihres Wesens heraus den Menschen immer mehr und mehr zu einem innerlichen Individuell-Erfühlen hindrängte.

Nur unter diesem Gesichtspunkte lassen sich die einzelnen Ereignisse verstehen, die sich in diesem Zeitalter vollziehen. Und auch nur mit dem Blick auf diese Tatsachen läßt sich verstehen, was an Seelenkämpfen in solchen Persönlichkeiten stattgefunden hat, die dann eben in den tiefsten Tiefen der Menschenseele sich auseinandersetzen wollten mit dem Christentum auf der einen Seite und mit der Philosophie auf der andern Seite, wie *Albertus Magnus* und *Thomas von Aquino.* Heute liegt den gebräuchlichen Philosophiegeschichtsschreibern viel zu wenig von den wahren Gestalten der Seelenkämpfe vor, die ihren letzten Abschluß gewissermaßen in Albert und Thomas gefunden haben, als daß dieses Zeitalter in den gebräuchlichen Philosophiegeschichten auch nur annähernd deutlich genug geschildert würde. Da spielt vieles herein in das Seelenleben des Albert und des Thomas.

Äußerlich sieht es so aus, als ob Albertus Magnus, der vom 12. ins 13. Jahrhundert hinüber lebte, und Thomas, der im 13. Jahrhundert lebte, nur gewissermaßen dialektisch hätten vereinigen wollen auf der einen Seite Augustinismus, von dem wir gestern gesprochen haben, und Aristotelismus. Der eine war der Träger der kirchlichen Ideen, der andere der Träger der ausgebildeten philosophischen Ideen. Den Einklang zwischen beiden zu suchen zieht sich allerdings wie ein Duktus hindurch durch all dasjenige, was die beiden geschrieben haben. Aber in alldem, was da in Gedanken fixiert wird wie in einer Blüte des abendländischen Fühlens und Wollens, lebt doch unendlich viel darinnen von dem, was dann nicht auf jenes Zeitalter übergegangen ist, das sich etwa von der Mitte des 15. Jahrhunderts bis in unsere Tage erstreckt, und aus dem wir unsere gebräuchlichen Ideen für alle Wissenschaften und auch für das gesamte öffentliche Leben entnehmen.

Dem heutigen Menschen erscheint es eigentlich nur wie etwas Paradoxes, wenn er hört, was wir gestern hören mußten von der Lebensanschauung des *Augustinus:* daß Augustinus tatsächlich der Anschauung war, daß ein Teil der Menschen von vornherein dazu bestimmt sei, die göttliche Gnade ohne Verdienst zu empfangen – denn eigentlich müßten sie nach der Erbsünde alle zugrunde gehen –, die göttliche Gnade zu empfangen und gerettet zu werden, seelisch-geistig gerettet zu werden; ein anderer Teil der Menschheit müsse seelisch-geistig zugrunde gehen, gleichgültig was er auch unternimmt. Für den heutigen Menschen erscheint das paradox, vielleicht sogar sinnlos. Wer sich hineinfühlen kann in das Zeitalter, in dem Augustinus gelebt hat, in dem Augustinus all diejenigen Ideen und Empfindungen empfangen hat, die ich gestern charakterisierte, der wird anders fühlen. Der wird fühlen, daß man – noch dazu als ein

Mensch wie Augustinus, der mittendrinnen stand in dem Kampfe zwischen dem Gedanken, der die ganze Menschheit als eine Einheit umfaßte, und jenem Gedanken, der die Individualität des Menschen herauskristallisieren wollte aus dieser einheitlichen Menschheit –, daß man es begreiflich finden kann, daß Augustinus auf diese Weise noch festhalten wollte an den Gedanken, die noch nicht als die altertümlichen Gedanken Rücksicht nahmen auf den einzelnen Menschen, die noch unter dem Einflusse solcher Ideen wie die des Plotinismus, den ich gestern charakterisiert habe, eben einzig und allein das Allgemeinmenschliche im Sinne hatten. Aber auf der anderen Seite wühlte auch in der Seele des Augustinus der Drang nach Individualität. Daher bekommen diese Ideen eine so prägnante, seelen- und herzensmäßig prägnante Fassung, daher sind sie so erfüllt von menschlichem Erleben, und dadurch wird gerade Augustinus jene unendlich sympathische Gestalt, welche so tiefen Eindruck macht, wenn wir den Blick zurückwenden auf die Jahrhunderte, die der Scholastik vorangegangen sind.

Über Augustinus hinaus hat sich dann für viele dasjenige, was den einzelnen Menschen des Abendlandes als Christ zusammenhielt mit seiner Kirche – aber nur in den Ideen des Augustinus –, erhalten. Nur waren diese Ideen, so wie ich sie Ihnen gestern gezeigt habe, eben nicht annehmbar für diese abendländische Menschheit, die den Gedanken nicht ertrug, die Gesamtmenschheit, das Einheitliche, als ein Ganzes zu nehmen und sich darinnen nur etwa zu fühlen wie ein Glied, noch dazu wie ein Glied, das zu dem Teil der Menschheit gehört, der dem Untergang, der Vernichtung verfallen ist. Und so sah sich die Kirche gedrängt, zu einem Ausweg zu greifen.

Augustinus führte noch seinen gewaltigen Kampf gegen den *Pelagius,* jenen Mann, der schon ganz erfüllt war von dem Individualimpuls des Abendlandes. Es war dies jene Persönlichkeit, bei der wir als einem Zeitgenossen des Augustinus sehen können, wie voraus erscheint das Sich-als-Individualität-Fühlen, wie es sonst erst die Menschen der späteren Jahrhunderte gehabt haben. Daher kann er nicht anders als sagen: Es kann keine Rede davon sein, daß der Mensch ganz unbeteiligt bleiben müsse an seinem Schicksal in der sinnlichen Welt; es muß aus der Menschenindividualität selbst herausgeboren werden können die Kraft, durch welche die Seele den Anschluß findet an das, was sie aus der Umstrickung der Sinnlichkeit erhebt in die reinen geistigen Regionen, wo sie ihre Erlösung und Rückkehr zur Freiheit und Unsterblichkeit finden kann. – Das war dasjenige, was Augustinus' Gegner geltend machten: daß der einzelne Mensch die Kraft finden müsse, die Erbsünde zu überwinden.

Die Kirche stand mittendrinnen zwischen den beiden Gegnern, und sie suchte nach einem Ausweg. Dieser Ausweg wurde vielfach besprochen. Es wurde gewissermaßen hin und her geredet, und man ergriff dann die Mitte, und ich kann es jedem einzelnen von Ihnen überlassen, ob er diese Mitte in diesem Falle als die goldene Mitte oder als die kupferne Mitte ansieht. Man ergriff die Mitte: den Semipelagianismus. Man fand eine Formel, die eigentlich nicht recht Schwarz und nicht recht Weiß sagte, die verkündete: Es ist zwar so, wie Augustinus gesagt hat, aber es ist doch nicht ganz so, wie Augustinus gesagt hat; es ist auch nicht ganz so, wie Pelagius gesagt hat, aber es ist in einem gewissen Sinne auch so, wie er gesagt hat. Und so könne man sagen, daß zwar nicht durch einen weisheitsvollen ewigen Ratschluß der Gottheit die einen zur Sünde, die anderen zur Gnade verurteilt sind, daß die Menschen Anteil haben an ihrem Sündhaftwerden oder an ihrem Erfülltsein mit

Gnade; aber die Sache sei denn doch so, daß zwar nicht eine göttliche Vorherbestimmung vorliege, aber ein göttliches Vorherwissen. Die Gottheit weiß vorher, ob der eine ein Sünder sein werde oder der andere ein Gnadenerfüllter sein werde.

Dabei wurde nicht weiter darauf Rücksicht genommen, als dieses Dogma verbreitet wurde, daß es sich im Grunde gar nicht um ein Vorherwissen handelte, sondern daß es sich darum handelte, klipp und klar Stellung zu nehmen zu dem, ob nun der einzelne individuelle Mensch sich verbinden kann mit den Kräften in seinem individuellen Seelenleben, die ihn herausheben aus seiner Trennung von dem göttlich-geistigen Wesen der Welt und ihn wieder zurückführen können zu dem göttlich-geistigen Wesen der Welt. So bleibt für das Dogmenwesen im Grunde genommen die Frage ungelöst, und ich möchte sagen: Auf der einen Seite genötigt, den Blick nach dem Dogmengehalt der Kirche zu richten, auf der anderen Seite aber aus innerster Empfindung heraus mit tiefster Verehrung für die Größe des Augustinus erfüllt, standen in der Hochscholastik Albertus und Thomas dem gegenüber, was sich als abendländische Geistesentwickelung innerhalb der christlichen Strömung ausbildete. Und hinein spielte doch noch manches aus früheren Zeiten. Es lebte fort so, daß man es sieht, wenn man genau hinblickt auf die Seele des Albertus, des Thomas, daß man es sieht auf dem Grunde ihrer Seele tätig sein, aber daß man auch einsieht, daß es ihnen selber nicht ganz vollbewußt ist, daß es in ihre Gedanken hineinspielt, daß sie es aber nicht zu einer präzisen Fassung bringen können.

Das muß man bedenken, mehr bedenken für diese Zeit der Hochscholastik des Albert und des Thomas, als man eine ähnliche Erscheinung zum Beispiel in unserer Zeit bedenken müßte. Das Warum habe ich mir schon erlaubt hervorzuheben in meinen «Welt- und Lebensanschauungen im neunzehnten Jahrhundert», die dann erweitert wurden zu meinem Buche «Die Rätsel der Philosophie», wo dann die Aufgabe anders gestellt war und daher die betreffende Stelle nicht wiederkehren konnte, wie ich mir noch erlauben will zu bemerken. Das gilt durchaus – und das wird uns morgen noch eingehend zu beschäftigen haben, jetzt will ich es nur erwähnen –, daß wir aus diesem Emporringen der Individualität bei den Denkern, die nun philosophisch ausbildeten dieses Emporringen der Individualität, dasjenige erleben, was höchste Blüte logischer Urteilskraft ist, man könnte sagen höchste Blüte logischer Technik.

Man kann schimpfen wie man will von diesem oder jenem Parteistandpunkte über die Scholastik – all dieses Schimpfen ist in der Regel wenig von einer wirklichen Sachkenntnis erfüllt. Denn wer Sinn hat für die Art und Weise, wie sich, ganz abgesehen jetzt von dem sachlichen Inhalt, der Scharfsinn der Gedanken abspielt bei irgend etwas, was wissenschaftlich oder sonst erklärt wird, wer Sinn dafür hat zu erkennen, wie Zusammenhänge zusammengedacht werden, die zusammengedacht werden müssen, wenn das Leben Sinn bekommen soll – wer für alles das und für manches andere Sinn hat, für den geht es schon auf, daß so präzis, so innerlich logisch gewissenhaft niemals gedacht worden ist vorher, und nachher niemals gedacht worden ist als in der Zeit der Hochscholastik. Gerade das ist das Wesentliche, daß da das reine Denken mit mathematischer Sicherheit von Idee zu Idee, von Urteil zu Urteil, von Schlußfolgerung zu Schlußfolgerung so verläuft, daß über den kleinsten Schritt und über das kleinste Schrittchen diese Denker sich immer Rechenschaft geben.

Man muß nur bedenken, in welchem Milieu sich dieses Denken abspielte. Das war nicht ein Denken, das sich etwa so abspielte wie jetzt sich das Denken abspielt in der geräuschvollen Welt. Das war ein Denken, das sich abspielte in der stillen Klosterzelle oder sonst fern von dem Weltengetriebe. Das war ein Denken, das ganz aufging in dem Gedankenleben, und das war ein Denken, das auch noch durch andere Umstände die reine Denktechnik ausbilden konnte. Es ist heute tatsächlich schwer, diese reine Denktätigkeit auszubilden, denn kaum wird es irgendwie versucht, solche Denktätigkeit vor die Öffentlichkeit hinzustellen, die nichts anderes möchte als, durch ihren Inhalt bedingt, Gedanken an Gedanken reihen, dann kommen die unsachlichen Leute, die unlogischen Leute, greifen alles mögliche auf, werfen ihre brutalen Parteimeinungen entgegen. Und da man schon einmal ein Mensch unter Menschen ist, muß man sich auseinandersetzen mit diesen Dingen, die eigentlich nichts anderes sind als hineingeworfene Brutalitäten, die gar nichts zu tun haben oftmals mit demjenigen, um was es sich eigentlich handelt. Da ist sehr bald jene innere Ruhe verloren, der sich Denker des 12. und 13. Jahrhunderts hingeben konnten, die nicht auf den Widerspruch der Unvorbereiteten in ihrem sozialen Leben so außerordentlich viel zu geben brauchten.

Dieses und noch manches andere hat gerade in diesem Zeitalter jene auf der einen Seite wunderbare plastische, aber auch in feinen Konturen verlaufende Denktätigkeit hervorgerufen, welche die Scholastik kennzeichnet und welche namentlich bewußt angestrebt worden ist von Leuten wie Albertus und Thomas.

Aber nun bedenke man dieses: Auf der einen Seite sind Forderungen des Lebens da, die sich so ausnehmen, daß man es zu tun hat mit nicht ins Klare gebrachten Dogmen, was in zahlreichen Fällen ähnlich war dem charakterisierten Semipelagianismus, und daß man kämpfte, um aufrechtzuerhalten dasjenige, von dem man glaubte, daß es aufrechterhalten werden müsse, weil es die dazu berechtigte Kirche aufgestellt hat, daß man das aufrechterhalten wollte mit dem scharfsinnigsten Denken. Man stelle sich nur vor, was es heißt, gerade mit dem scharfsinnigsten Denken hineinzuleuchten in das, was so geartet war, wie ich es Ihnen nach dem Augustinismus charakterisieren mußte. Man muß schon in dieses Innere des scholastischen Strebens hineinschauen und nicht bloß am Faden der Begriffe, die man aufgelesen hat, diesen Hergang von der Patristik bis zu der Scholastik charakterisieren wollen.

Es spielte eben vieles halb Unbewußte in diese Geister der Hochscholastik hinein, und man kommt eigentlich nur zurecht, wenn man über das, was ich schon gestern charakterisiert habe, hinausblickend, noch etwa eine solche Gestalt ins Auge faßt wie die, die halb mysteriös vom sechsten Jahrhundert an in das europäische Geistesleben eintrat, die bekannt geworden ist unter dem Namen des *Dionysius des Areopagiten.* Ich kann heute, weil die Zeit dazu nicht ausreichen würde, nicht eingehen auf all die Streitigkeiten darüber, ob nun irgend etwas daran ist, daß diese Schriften erst im sechsten Jahrhundert verfaßt worden sind oder ob die andere Anschauung die richtige ist, die wenigstens das Traditionelle dieser Schriften in viel frühere Zeiträume zurückführt. Auf all das kommt es ja nicht an, sondern darauf kommt es an, daß vorlagen die Anschauungen des Dionysius des Areopagiten für die Denker des siebenten, achten Jahrhunderts bis noch in die Zeiten des Thomas von Aquino, und daß diese Schriften durchaus mit christlicher Nuance dasjenige in einer besonderen Gestalt enthielten, was ich Ihnen gestern als den Plotinismus, als den Neuplatonismus des Plotin charakterisiert habe, aber eben in einer besonderen Gestalt, durchaus mit christlicher Nuance. Und ganz besonders bedeutsam ist es geworden für die christlichen Denker des ausgehenden Altertums und des Beginnes des Mittelalters bis in die Mitte des Mittelalters, eben bis zur Hochscholastik, wie sich der Schreiber der Dionysiusschen Schriften verhalten hat zu dem Aufsteigen der menschlichen Seele bis zu einer Anschauung über das Göttliche.

Dieser Dionysius wird ja gewöhnlich so geschildert, als ob er zwei Wege zum Göttlichen hätte. Die hat er auch. Der eine Weg ist der, daß er verlangt: Wenn der Mensch aufsteigen will von den Außendingen, die uns umgeben in der Welt, zu dem Göttlichen, so muß er versuchen herauszufinden aus all den Dingen, die da sind, ihre Vollkommenheiten, ihr Wesentliches, muß versuchen zurückzugehen zu dem Allervollkommensten, muß die Möglichkeit haben, das Allervollkommenste so mit Namen zu benennen, daß er einen Inhalt hat für dieses Göttlich-Vollkommenste, der nun wiederum sich gleichsam ausgießen und durch Individualisierung und Differenzierung die einzelnen Dinge der Welt aus sich hervorbringen kann. – So, möchte man sagen, ist für diesen Dionysius die Gottheit diejenige Wesenheit, die mit den Namen im reichlichsten Umfange versehen werden muß, die belegt werden muß mit den Prädikaten, die man als auszeichnendste Prädikate nur herausfinden kann aus allen Vollkommenheiten der Welt, die man zusammenfinden kann: Nimm all das, was dir auffällt in den Dingen der Welt an Vollkommenheit, benenne es und benenne dann damit die Gottheit, dann kommst du zu einer Vorstellung über die Gottheit. – Das ist der eine Weg, den Dionysius vorschlägt.

Der andere Weg ist, daß er sagt: Du erreichst die Gottheit nie, wenn du ihr auch nur einen einzigen Namen gibst, denn der ganze Seelenprozeß, der darauf hinausgeht, Vollkommenheiten in den Dingen zu finden, der darauf hinausläuft, das Wesenhafte der Dinge zu suchen, es zusammenzufassen, um es dann in dieser Zusammenfassung der Gottheit anzuheften, das führt niemals zu dem, was man Erkennen der Gottheit nennen kann. Du mußt so werden, daß du dich frei machst von alledem, was du in den Dingen erkannt hast. Du mußt dein Bewußtsein vollständig reinigen von alldem, was du an den Dingen erfahren hast. Du mußt nichts mehr wissen von demjenigen, was dir die Welt sagt. Du mußt alle Namen, die du gewohnt bist, den Dingen zu geben, vergessen und dich in einen Seelenzustand versetzen, wo du von der ganzen Welt nichts weißt. Wenn du das in deinem Seelenzustand erleben kannst, dann erlebst du den Namenlosen, der sofort verkannt wird, wenn man ihm irgendeinen Namen beilegt; dann erkennst du den Gott, den Übergott in seiner Überschönheit. Aber schon die Namen Übergott und Überschönheit würden störend sein. Sie können nur dazu dienen, dich hinzuweisen auf dasjenige, was du als Namenloses erleben mußt.

Wie kommt man zurecht mit einer Persönlichkeit, die einem nicht *eine* Theologie gibt, die einem zwei Theologien gibt, eine positive und eine negative, eine rationalistische und eine mystische Theologie? Wer sich eben hineinversetzen kann in die Geistigkeit der Zeitalter, aus denen heraus das Christentum geboren ist, der kommt ganz gut damit zurecht. Wenn man allerdings den Verlauf der Menschheitsentwickelung auch für die ersten christlichen Jahrhunderte so schildert, wie die heutigen Materialisten das tun, dann erscheint einem so etwas wie die Schriften des Areopagiten mehr oder weniger als Narretei, als Hirnverbranntheit. Dann weist man sie in der Regel aber auch einfach zurück. Wenn man aber sich hineinversetzen kann in das, was damals erlebt und erfühlt worden ist, dann sieht man ein, was ein Mensch wie der Areopagite eigentlich wollte: im Grunde genommen nur ausdrücken, was Unzählige anstrebten. Für sie war nämlich die Gottheit ein Wesen, das man überhaupt nicht erkennen konnte, wenn man nur *einen* Weg zu ihr einschlug. Für ihn war die Gottheit ein Wesen, dem man sich nähern mußte auf rationellem Wege durch Namengebung und Namenfindung. Aber geht man nur diesen einen Weg, dann verliert man den Pfad, dann verliert man sich in dasjenige, was gewissermaßen der gottentleerte Weltenraum ist. Dann gelangt man nicht zu Gott. Aber man muß ihn gehen, diesen Weg, denn ohne ihn zu gehen, kommt man auch nicht zu dem Gotte. Aber man muß noch einen anderen Weg gehen. Das ist eben der, der das Namenlose anstrebt. Geht man jeden allein, dann findet man ebensowenig die Gottheit; aber geht man beide, so kreuzen sie sich, und man findet in dem Durchkreuzungspunkte die Gottheit. Es genügt nicht, zu streiten darüber, ob der eine Weg oder der andere Weg richtig sei. Beide sind sie richtig; aber jeder einzelne, für sich gegangen, führt zu nichts. Beide gegangen führen, wenn die Menschenseele sich im Kreuzungspunkte findet, zu dem, was angestrebt wird.

Ich kann begreifen, wie manche Menschen der Gegenwart, die gewöhnt sind an das, was als Polemik gilt, zurückschrecken vor dem, was hier von dem Areopagiten gefordert wird. Aber dasjenige, was hier gefordert wird, das lebte bei den Menschen, die in den ersten christlichen Jahrhunderten die führenden geistigen Persönlichkeiten waren, und es lebte dann traditionell noch weiter fort in der christlich-philosophischen Strömung des Abendlandes, und es lebte bis auf Albertus Magnus und bis auf Thomas von Aquino. Es lebte zum Beispiel durch jene Persönlichkeit, deren Namen ich schon gestern genannt habe, durch den am Hofe Karls des Kahlen lebenden *Scotus Erigena*. Dieser Scotus Erigena erinnert einen lebhaft an dasjenige, was ich Ihnen gestern sagte: Ich habe nie einen so sanften Menschen gekannt wie

Vincenz Knauer, den Philosophiegeschichtsschreiber. Vincenz Knauer war immer sanft, aber er fing an wie ein Rohrspatz zu schimpfen, wenn die Rede kam auf Plotin oder das, was Plotin ähnlich war. Und *Franz Brentano*, der geistreiche Philosoph, der immer feierlich war, er wurde ganz unfeierlich und schimpfte in seinem Buch «Was für ein Philosoph manchmal Epoche macht» – er meint den *Plotin*.

Diejenigen, die mehr oder weniger, wenn auch mit Scharfsinn und Geistreichigkeit, dem Rationalismus zugeneigt sind, die werden schon schimpfen, wenn sie das zu Gesicht, zum geistigen Gesichte bekommen, was etwa da ausströmte von dem Areopagiten, und was dann eine letzte bedeutende Offenbarung fand in diesem Erigena. Er war in den letzten Lebensjahren noch Benediktinerprior. Aber seine eigenen Mönche haben ihn, wie die Sage sagt – die Sage; ich sage ja nicht, daß das wörtlich wahr ist, aber wenn es nicht ganz wahr ist, so ist es annähernd wahr –, die haben ihn so lange mit Stecknadeln bearbeitet, bis er tot war, weil er noch den Plotinismus hereinbrachte in das neunte Jahrhundert. Aber über ihn hinaus lebten seine Ideen, die zugleich die weitere Fortbildung der Ideen des Areopagiten waren. Seine Schriften sind mehr oder weniger bis in späte Zeiten hinein verschwunden gewesen; sie sind dann ja doch auf die Nachwelt gekommen. Im 12. Jahrhundert ist Scotus Erigena als Ketzer erklärt worden. Aber das hat ja noch nicht eine solche Bedeutung gehabt wie später und wie heute. Trotzdem sind Albertus Magnus und Thomas von Aquino tief beeinflußt auch von den Ideen des Scotus Erigena.

Das ist das eine, was wir gewissermaßen als eine Erbschaft aus früheren Zeiten auf dem Grunde der Seelen erblicken müssen, wenn wir vom Wesen des Thomismus sprechen wollen. Noch ein anderes aber kommt in Betracht. Im Plotinismus, den ich Ihnen gestern in bezug auf seine Kosmologie zu charakterisieren versuchte, findet sich eine sehr bedeutsame, aus einer sinnlich-übersinnlichen Schauung hervorgegangene Charakteristik des menschlichen Wesens. Man bekommt vor diesen Dingen eigentlich erst wiederum Respekt, wenn man sie aus geisteswissenschaftlichen Untergründen heraus wieder findet. Da macht man auch ohne weiteres gern das folgende Geständnis. Da sagt man: Wenn man so unvorbereitet liest etwas wie den Plotin oder das, was von ihm überliefert ist, dann sieht es auch ziemlich chaotisch und kraus aus. Wenn man aber die entsprechenden Wahrheiten selber wieder entdeckt, dann gewinnen Ansichten, wenn sie auch anders ausgesprochen waren in der damaligen Zeit, als sie heute ausgesprochen werden müssen, doch ein ganz besonderes Antlitz. Und so ist denn bei Plotin eine Anschauung zu finden, die ich etwa in der folgenden Weise charakterisieren möchte.

Plotin betrachtet die menschliche Wesenheit mit ihren leiblich-seelisch-geistigen Eigentümlichkeiten. Er betrachtet sie zunächst von zwei Gesichtspunkten aus. Er betrachtet sie zuerst von dem Gesichtspunkte der Arbeit der Seele am Leib. Wollte ich in der heutigen Charakteristik sprechen, so müßte ich folgendes sagen. Plotin sagt sich zunächst: Wenn man ein Kind betrachtet, das hereinwächst in die Welt, dann sieht man, wie gewissermaßen noch fertig entwickelt wird dasjenige, was aus Geistig-Seelischem heraus sich als menschlicher Leib gestaltet. Für Plotin ist alles das, was materiell auftritt namentlich am Menschen – wenn ich den Ausdruck, bitte stoßen Sie sich nicht daran, gebrauchen darf – eine Ausschwitzung des Geistig-Seelischen, eine Krustation gewissermaßen des Geistig-Seelischen. Wir können alles das, was leiblich auftritt, als eine Krustation des Geistig-Seelischen auffassen. Dann aber, wenn der Mensch herangewachsen ist bis zu einem gewissen Grade, dann hören die geistig-seelischen Kräfte auf, ins Leibliche hineinzuarbeiten.

Man könnte also sagen (es wird gezeichnet): Zunächst haben wir es zu tun mit einer solchen Betätigung des Geistig-Seelischen am Leiblichen, daß dieses Leibliche herausgestaltet, herausorganisiert wird aus dem Geistig-Seelischen. Die Menschheitsorganisation ist aus dem Geistig-Seelischen heraus gearbeitet. Wenn ein gewisser Reifezustand eingetreten ist für irgend etwas in der organischen Tätigkeit, sagen wir zum Beispiel für diejenige Tätigkeit, auf welche die Kräfte verwendet werden, die später als die Kräfte des Gedächtnisses erscheinen, so treten eben diese Kräfte, die früher in den Leib hineingearbeitet haben, in einer geistig-seelischen Metamorphose auf. Was also zuerst materiell gearbeitet hat vom Geistig-Seelischen, das befreit sich, wenn es fertig ist mit seiner Arbeit, und tritt auf als selbständige Wesenheit: Seelenspiegel müßte man etwa sagen, wenn man im Sinne des Plotin sprechen wollte.

Es ist außerordentlich schwierig, mit unseren heutigen Begriffen diese Dinge zu charakterisieren. Man kommt ihnen nahe, wenn man etwa das Folgende denkt: Man sehe, wie der Mensch von einem gewissen Reifezustand seines Gedächtnisses an sich erinnern kann. Das kann er nicht als kleines Kind. Wo sind die Kräfte, mit denen er sich erinnert? Sie arbeiten zunächst am Organismus, sie gestalten den Organismus. Haben sie am Organismus gearbeitet, dann emanzipieren sie sich rein geistig-seelisch und bearbeiten jetzt, aber noch immer als Geistig-Seelisches, den Organismus. Dann erst wohnt wiederum in diesem Seelenspiegel drinnen der eigentliche Kern, das Ich. In Charakteristiken, in einem Ideengehalt, der außerordentlich bildhaft ist, arbeiten diese Anschauungen von dem, was Seelisches tätig arbeitet, und von dem, was dann bleibt, was gewissermaßen passiv wird gegenüber der Außenwelt, so daß es wie das Gedächtnis aufnimmt die Eindrücke der Außenwelt, sie dann behält. In einer außerordentlich bildhaften Weise wird diese zweifache Arbeit der Seele, diese Gliederung der Seele in einen aktiven Teil, der eigentlich den Leib aufbaut, und in einen passiven Teil, von jener älteren Schichte menschlichen Empfindens und menschlicher Weltanschauung geschildert, die in Plotin ihren letzten Ausdruck gefunden hat und die dann übergegangen ist auf Augustinus und seine Nachfolger.

Rationalisiert, in mehr physische Begriffe umgesetzt, finden wir diese Anschauung im Aristotelismus. *Aristoteles* hatte auch wiederum von *Plato* her und auch von dem, worauf wiederum Plato fußte, dieses Schauen vorliegend. Aber wenn man Aristoteles liest, ist es so, als ob man sagen müßte: Aristoteles selber bestrebt sich, alles in abstrakte Begriffe zu fassen, was er an alten Anschauungen vor sich hatte. Und so sehen wir in dem aristotelischen System, das sich nun auch fortpflanzte, das gewissermaßen die rationalistische Gestalt desjenigen war, was Plotin gegeben hat in der anderen Gestalt, wir sehen in dem, was sich als Aristotelismus fortpflanzt bis zu Albertus und bis zu Thomas dem Aquinaten, eine gewissermaßen rationalisierte Mystik, eine rationalistische Beschreibung des geistigen Geheimnisses der menschlichen Wesenheit.

Daß Aristoteles gewissermaßen heruntergeholt hat durch abstrakte Begriffe dasjenige, was die anderen in Schauungen gehabt haben, davon haben ein Bewußtsein Albertus und Thomas. Deshalb stehen sie auch dem Aristoteles wahrhaftig nicht so gegenüber wie die jetzigen Philosophiephilologen, die kuriose Streite entfaltet haben über zwei Begriffe, die von Aristoteles herrühren. Aber da die Aristotelischen Schriften nicht vollständig auf die Nachwelt gekommen sind, so findet man diese beiden Begriffe, ohne daß man sie bei Aristoteles im Zusammenhang hat – was ja immer eine Tatsache ist, die für viele gelehrte Streitigkeiten den Unterschied bieten kann –, man findet zwei Ideen bei Aristoteles. Aristoteles sieht ja in der menschlichen Wesenheit das, was zu einer Einheit zusammenfaßt das vegetative Prinzip des Menschen, das animalische Prinzip des Menschen, das niedere menschliche Prinzip, und dann das höhere menschliche Prinzip, dasjenige, was Aristoteles den Nous, was die Scholastik dann den Intellekt nennt. Aber Aristoteles unterscheidet zwischen dem Nous poietikos und dem Nous pathetikos, zwischen dem tätigen und leidenden Geiste des Menschen. Die Ausdrücke sind nicht mehr so bezeichnend, wie die griechischen waren, aber man kann doch sagen, Aristoteles unterscheidet zwischen dem aktiven Verstand, dem tätigen Geist des Menschen und dem passiven Verstand des Menschen. Was ist damit gemeint?

Man begreift nicht, was damit gemeint ist, wenn man nicht auf den Ursprung dieser Begriffe zurückgeht. Geradeso wie die anderen Seelenkräfte sind in einer anderen Metamorphose die beiden Arten des Verstandes an dem Aufbau der menschlichen Seele betätigt: der Verstand, insofern er wirkt als tätiger, noch im Aufbau des Menschen wirksam, aber als Verstand, nicht wie das Gedächtnis einmal aufhörend und dann als Gedächtnis sich emanzipierend, sondern als Verstand das ganze Leben hindurch wirkend, das ist der Nous poietikos, das ist dasjenige, was aus dem Weltenall heraus sich individualisierend den Leib aufbaut im Sinne des Aristoteles. Es ist nichts anderes als das, was die den menschlichen Leib aufbauende tätige Seele des Plotin auch ist. Und dasjenige, was dann sich emanzipiert, was nur noch dazu da ist, um die äußere Welt aufzunehmen und die Eindrücke der äußeren Welt dialektisch zu verarbeiten, das ist der Nous pathetikos, das ist der leidende Intellekt, der intellectus possibilis. Es geht zurück, was in scharfer Dialektik, in präziser Logik in der Scholastik uns entgegentritt, auf diese alten Überlieferungen. Und man kommt nicht zurecht mit dem, was in den Seelen der Scholastiker sich abspielte, wenn man nicht dieses Hereinspielen uralter Traditionen berücksichtigt.

Dadurch, daß das alles, was ich Ihnen geschildert habe, in die Seele der Scholastiker hineinspielte, entstand für sie die große Frage, die man so gewöhnlich als das eigentliche Problem der Scholastik empfindet. In der Zeit, in der es für die Menschheit ein Schauen gab, das solche Dinge hervorbrachte wie den Platonismus oder seine rationalistische Filtrierung, den Aristotelismus, in der aber auch noch nicht das individuelle Fühlen bis zu seinem Höhepunkt gekommen war, in dieser Zeit konnte es die Scholastikprobleme noch nicht geben. Denn dasjenige, was wir heute Verstand nennen, was wir heute Intellekt nennen, und was nach der einen Seite hin seinen Ursprung in der Scholastikterminologie hat, das ist gerade ein Ausfluß des individuellen Menschen. Wenn wir alle gleich denken, so kommt es nur davon, daß wir alle gleich individuell organisiert sind und daß der Verstand geknüpft ist an dies in allen Menschen gleich organisierte Individuelle. Sie denken schon, insoferne Sie differenziert sind, auch verschieden. Das sind aber Nuancen, die mit der eigentlichen Logik nichts zu tun haben. Das eigentliche logische und dialektische Denken ist aber ein Ausfluß der allgemeinen menschheitlichen, aber individuell differenzierten Organisation.

So steht dann der Mensch, wenn er fühlt, er ist eine Individualität, da und sagt sich: Da steigen im Menschen auf die Gedanken, durch die die Außenwelt innerlich repräsentiert wird; da werden gewissermaßen von innen heraus die Gedanken zusammengestellt, die in ihrer Zusammenstellung wiederum ein Bild der Welt geben sollen. Da arbeiten im Innern des Menschen auf der einen Seite Vorstellungen, die sich knüpfen an einzelne individuelle Dinge, wie an einen einzelnen Stier oder an einen einzelnen Menschen, sagen wir wie Augustinus. Dann aber kommt der Mensch zu anderen inneren Erlebnissen, wie zu seinen Träumen, für die er einen solchen äußeren Repräsentanten zunächst nicht findet. Da kommt er zu denjenigen Erlebnissen, die er sich bildet, die rein Schimäre sind, wie hier auch schon für die Scholastik der Kentaur oder dergleichen Schimäre waren.

Dann sind aber auf der anderen Seite diejenigen Begriffe und Ideen, die eigentlich nach beiden Seiten hin schillern: die Menschheit, der Typus Löwe, der Typus Wolf, und so weiter. Das sind die allgemeinen Begriffe, welche die Scholastiker nach altem Gebrauch die Universalien nannten. Als die Sache für die Menschen so lag, wie ich sie Ihnen gestern geschildert habe, als man herauf sich erhob gewissermaßen zu diesen Universalien und sie empfand als die unterste Grenze der sich dem Menschen durch Schauen offenbarenden Geistwelt, da waren eben einfach diese Universalien – Menschheit, Tierheit, Löwenheit und so weiter – dasjenige, durch das sich die Geistwelt, die intelligible Welt offenbarte, dasjenige, was die Seele als einen Ausfluß der übersinnlichen Welt erlebte. Um so zu erleben, war es nötig, jenes individuelle Gefühl noch nicht in sich zu haben, das sich dann in den charakterisierten Jahrhunderten auslebte. Jenes individualisierte Gefühl brachte es dahin, daß man sich sagte: Man steigt von den Sinnendingen auf bis zu jener Grenze, wo die mehr oder weniger abstrakten, aber doch erlebten Dinge sind, die Universalien Menschheit, Löwenheit, und so weiter.

Das sah die Scholastik sehr gut ein, daß man nicht ohne weiteres sagen kann: Das sind bloße Konzeptionen, bloße

Zusammenfassungen der äußeren Welt –, sondern für die Scholastik wurde das ein Problem, mit dem sie rang: Wir müssen uns aus unserer Individualität heraus solche allgemeinen Begriffe bilden, solche Universalbegriffe. Wenn wir aber auf die Welt hinausschauen, so haben wir nicht die Menschheit, sondern einzelne Menschen, nicht die Wolfheit, sondern einzelne Wölfe. Aber auf der andern Seite: Wir können nicht dasjenige, was wir uns als die Wolfheit ausbilden oder als die Lammheit ausbilden, nur sehen gewissermaßen so, daß wir einmal die Materie in einer Weise lammhaft gebildet haben, ein anderes Mal sie wolfhaft gebildet haben und die Wolfheit und die Lammheit nur so Zusammenstellungen wären, und das Materielle, das in diesen Zusammenfassungen drinnen ist, nur das einzig Wirkliche sei. Das können wir auch nicht ohne weiteres annehmen, denn wenn wir das annehmen, dann müßten wir ja annehmen: Sperren wir einen Wolf ein und schauen wir darauf, daß er durch eine gewisse Zeit hindurch, bis sein Stoffwechsel vollständig umgesetzt ist, nur Lämmer frißt, da erfüllt er sich dann ganz mit Lammesmaterie; aber er wird kein Lamm. Die Materie macht es nicht, er bleibt Wolf. Die Wolfheit ist also doch etwas, was nicht so ohne weiteres bloß mit dem Materiellen in einen Zusammenhang gebracht wird, denn materiell ist der ganze Wolf Lamm, aber er bleibt Wolf.

Es ist heute vielfach ein Problem, das die Menschen gar nicht ernst nehmen. Es ist ein Problem gewesen, mit dem man mit allen Fasern der Seele gerungen hat in der Scholastik, gerade in ihrer Blütezeit. Und dieses Problem, das war in unmittelbarem Zusammenhang stehend mit den kirchlichen Interessen. Wie es mit den Kircheninteressen im Zusammenhang steht, davon können wir uns eine Vorstellung machen, wenn wir das Folgende berücksichtigen.

Bevor Albertus Magnus und Thomas von Aquino mit

ihrer besonderen Ausgestaltung der Philosophie auftraten, war es so, daß allerdings Leute schon aufgetreten waren wie *Roscellin* zum Beispiel, die die Behauptung aufgestellt haben und auch durchaus der Meinung waren: Diese allgemeinen Begriffe, diese Universalien sind eigentlich nichts anderes als dasjenige, was wir zusammenfassen von den äußeren individuellen Dingen; sie sind eigentlich bloße Worte, bloße Namen. – Und es hatte sich ausgebildet ein gewisser Nominalismus, der in den allgemeinen Dingen, in den Universalien, nur Worte sah. Aber Roscellin, der hat dogmatisch Ernst gemacht mit dem Nominalismus und hat ihn auf die Trinität angewendet und hat gesagt: Wenn – was er als Richtiges ansah – dasjenige, was Zusammenfassung ist, nur ein Wort ist, dann ist die Dreieinigkeit nur ein Wort, und die Individuen sind das einzig Wirkliche: der Vater, der Sohn, der Heilige Geist. Dann fasse nur der menschliche Verstand durch einen Namen diese drei: Vater, Sohn und Heiliger Geist. – Mittelalterliche Geister haben bis in die letzten Konsequenzen hin solche Dinge ausgedehnt. Die Kirche war genötigt, auf der Synode zu Soissons diese Anschauung des Roscellin für einen partiellen Polytheismus und die Lehre für häretisch zu erklären. Also man war in einer gewissen Kalamität gegenüber dem Nominalismus. Es war also ein dogmatisches Interesse, das sich mit einem philosophischen zusammenschloß.

Heute empfindet man selbstverständlich eine solche Situation nicht mehr als etwas Reales. In der damaligen Zeit hat man es allerdings als etwas sehr Reales empfunden, und gerade mit dem Verhältnis der Universalien zu den individuellen Dingen ringen die beiden geistig, Thomas und Albertus, und das ist für sie das wichtigste Problem. Im Grunde genommen ist alles andere nur eine Folge, das heißt insofern eine Folge, als alles andere eine gewisse Schattierung bekommen hat durch die Art und Weise, wie sie sich zu diesem Problem gestellt haben. Aber gerade in die Art und Weise, wie sich Albertus und Thomas zu diesem Problem gestellt haben, spielen hinein alle die Kräfte, die ich Ihnen bis jetzt geschildert habe, alle die Kräfte, die noch als Tradition geblieben waren von dem Areopagiten, die geblieben waren von Plotin, die durchgegangen waren durch die Seele des Augustinus, durch Erigena und durch viele andere, – all das spielt herein in die besondere Art der Gedankenformung, welche nun zutage trat zunächst durch Albertus und dann in einer weitläufigen philosophischen Begründung durch Thomas. Und man wußte ja noch: Da hat es Menschen gegeben, die über die Begriffe hinaufsahen in die geistige Welt, in die intellektuelle Welt, in diejenige Welt, von der auch der Thomismus als von einer Wirklichkeit spricht, in der er die materiefreien intellektuellen Wesen erblickt, die er die Engel nennt. Das sind nicht bloße Abstraktionen, das sind reale Wesenheiten, die nur keine Leiber haben. Es sind jene Wesenheiten, die Thomas versetzt in die zehnte Sphäre. Indem er sich umkreist denkt die Erde von der Sphäre des Mondes, des Merkur, der Venus, der Sonne und so weiter, kommt er dann über die achte zur neunten Sphäre und zu dem, was das Empyreum war, also zur zehnten Sphäre. Er denkt sich das alles durchaus durchsetzt von Intelligenzen, und die Intelligenzen, auf die er zunächst rekurriert, es sind diejenigen, welche das, was sie zu ihrer untersten Grenze haben, gewissermaßen hinunterscheinen lassen so, daß die menschliche Seele es erleben kann.

Aber so, wie ich es jetzt ausgesprochen habe, in dieser Form, in der es mehr angelehnt ist an den Plotinismus, kommt es nicht heraus aus dem bloßen individuellen Fühlen, zu dem sich gerade die Scholastik durchgerungen hatte, sondern es blieb für Albertus und für Thomas ein Glaube, daß es über den abstrakten Begriffen oben die Offenbarung dieser abstrakten Begriffe gebe. Und für sie entstand die Frage: Welche Realität haben denn diese abstrakten Begriffe?

Nun hatten sowohl Albertus wie Thomas noch eine Vorstellung von dem Tatbestand des Arbeitens des Seelisch-Geistigen an dem Leiblichen und des nachherigen Sichspiegelns des Seelisch-Geistigen, wenn genügend am Leiblichen gearbeitet ist. Von alldem hatten sie Vorstellungen. Sie hatten nun Vorstellungen auch von dem, was der Mensch in seinem einzelnen individuellen Leben wird, wie er von Jahr zu Jahr, von Jahrzehnt zu Jahrzehnt sich weiterentwickelt gerade durch dasjenige, was er an Eindrücken der Außenwelt aufnimmt und durch Eindrücke der Außenwelt verarbeitet. Und so bildete sich aus der Gedanke, daß wir allerdings die Welt um uns herum haben, aber diese Welt ist eine Offenbarung dessen, was überweltlich ist, was geistig ist. Indem wir die Welt betrachten, indem wir uns zu den einzelnen Mineralien, Pflanzen und Tieren hinwenden, ahnen wir gewissermaßen, daß dahintersteckt dasjenige, was sich offenbart aus höheren geistigen Welten.

Betrachten wir dann mit logischer Zergliederung, mit alldem, wozu uns unsere Seele fähig macht, mit alldem, was an Denkkraft in uns ist, die Welt der Naturreiche, so kommen wir zu dem, was von der geistigen Welt in die Naturreiche hineingelegt ist. Dann aber müssen wir uns klarwerden darüber: Wir wenden unseren Blick, unsere übrigen Sinnesorgane hin auf diese Welt. Da stehen wir mit der Welt in Verkehr. Wir gehen dann weg von der Welt. Wir bewahren gewissermaßen als Erinnerung dasjenige auf, was wir aus der Welt aufgenommen haben. Wir blicken in der Erinnerung wiederum zurück. Da erscheint uns eigentlich erst das Universelle, das Allgemeine, so etwas wie «Menschheit» und dergleichen, das erscheint uns erst in der inneren begrifflichen Gestalt. So daß Albertus und Thomas sagen: Blickst du zurück, wenn dir deine Seele reflektiert dasjenige, was sie an der Außenwelt erlebt hat, dann hast du in deiner Seele lebend die Universalia. Du hast dann Universalia. Du bildest dir aus all den Menschen heraus, die dir begegnet sind, den Begriff der Menschheit. Du könntest ja überhaupt, wenn du nur individuelle Dinge erinnertest, bloß in irdischen Namen leben. Indem du überhaupt nicht bloß in irdischen Namen lebst, mußt du Universalia erleben. Da hast du die universalia post res, diejenigen, die nach den Dingen in der Seele leben. Während der Mensch seine Seele hinwendet zu den Dingen, hat er nicht dasselbe in seiner Seele, was er nachher hat, wenn er sich daran erinnert, wenn es ihm gewissermaßen vom Innern reflektiert wird, sondern er steht in einer realen Beziehung zu den Dingen. Er erlebt an den Dingen ihr Geistiges; er übersetzt es sich nur in die Form der Universalien post rem.

Indem Albertus und Thomas annehmen, daß der Mensch in dem Augenblicke, wo er durch sein Denkvermögen in Beziehung steht zu seiner Umgebung, zu einem Realen in Beziehung steht, also nicht bloß zu dem, was der Wolf ist dadurch, daß das Auge ihn sieht, das Ohr ihn hört und so weiter, sondern dadurch, daß der Mensch über ihn denken kann, sich den Typus «Wolf» herausbildet, erlebt er etwas, was in den Dingen unanschaulich gedanklich erfaßt wird, was auch nicht in den Sinnenentitäten aufgeht. Er erlebt die universalia in rebus in den Dingen.

Nun ist die Unterscheidung nicht ganz leicht zu machen, weil man gewöhnlich denkt, dasjenige, was man im Innern seiner Seele hat zuletzt als Reflexion, das sei auch in den Dingen dasselbe. Nein, es ist nicht dasselbe im Sinne des Thomas von Aquino. Was der Mensch als Idee in seiner Seele erlebt, mit seinem Verstande sich erklärt, das ist dasjenige, wodurch er das Reale, das Universelle erlebt. So daß der Form nach die Universalien *in* den Dingen verschieden sind von den Universalien *nach* den Dingen, die in der Seele dann bleiben; aber innerlich sind sie dasselbe. Da haben Sie einen der scholastischen Begriffe, die man sich gewöhnlich nach ihrer ganzen Schärfe nicht vor die Seele führt. Die Universalien in den Dingen und die Universalien nach den Dingen in der Seele sind inhaltlich dasselbe, nur der Form nach verschieden.

Dann aber kommt noch dazu, daß nun das, was in den Dingen ausgebreitet, individualisiert lebt, wiederum hinweist auf dasjenige, was ich gestern als im Plotinismus liegend, als die eigentlich intelligible Welt charakterisierte. Da sind wiederum dieselben Inhalte, die *in* den Dingen, *nach* den Dingen in der Menschenseele sind, inhaltlich gleich, formell verschieden, sind wiederum in anderer Form enthalten, aber wiederum von gleichem Inhalt: das sind die universalia ante res, *vor* den Dingen. Das sind die Universalien, wie sie in dem göttlichen Verstande und in dem Verstande der Diener des Göttlichen, der englischen Wesenheiten, enthalten sind.

So wird dasjenige, was einer älteren Zeit unmittelbar geistig-sinnlich-übersinnliches Anschauen war, zu Anschauungen, die nur eben in sinnlichen Bildern abgebildet wurden, weil man das, was man übersinnlich schaut, selbst nach dem Areopagiten nicht einmal mit einem Namen benennen kann, wenn man es in seiner wahren Gestalt behandeln will. Man kann nur hinweisen und sagen: Es ist das alles nicht, was die äußeren Dinge sind. – So wird dasjenige, was für die Alten Schauung war, was für die Alten sich als eine Realität in der geistigen Welt darstellte, für die Scholastik etwas, worüber zu entscheiden hat eben all jener Scharfsinn des Denkens, all jene Plastizität und feine Logik, von der ich

Ihnen heute gesprochen habe. Es ist heruntergeholt das Problem, das früher durch Schauen abgemacht wurde, in die Sphäre des Denkens, in die Sphäre der Ratio. Das ist das Wesen des Thomismus, das Wesen des Albertinismus, das Wesen der Hochscholastik. Sie sieht vor allen Dingen, daß in ihrer Zeit das Erfühlen der menschlichen Individualität in der Kulmination angelangt ist. Sie sieht vor allen Dingen alle Probleme vor sich in der rationellen Gestalt, in der logischen Gestalt, in der Gestalt, wie sie der Denker auffassen muß.

Mit dieser Gestalt der Weltenprobleme in der Form des Denkens ringt wesenhaft die Scholastik. Und mit diesem Ringen und Denken steht die Scholastik mitten im kirchlichen Leben drinnen, das ich Ihnen nach den verschiedensten Seiten gestern und heute, wenn auch nur mit einzelnen Lichtern, beleuchtet habe. Da steht dasjenige, wovon man im 13., im 12. Jahrhundert glauben konnte, es ist zu erringen mit dem Denken, mit der scharfsinnigen Logik; da steht auf der anderen Seite dasjenige, was als kirchliche Dogmen überliefert ist, da steht der Glaubensinhalt.

Nehmen wir ein Beispiel, wie ein solcher Denker wie Thomas von Aquino zu den beiden Dingen steht. Da sagt Thomas von Aquino: Kann man das Dasein Gottes beweisen durch Logik? Ja, man kann es. – Thomas von Aquino gibt eine ganze Reihe von Beweisen. Einer derselben ist zum Beispiel der, daß er sagt: Erkenntnisse können wir zunächst nur gewinnen, indem wir an die universalia in rebus herangehen, in die Dinge hineinblicken. Wir können nicht durch Schauen – das ist einfach persönliches Erlebnis dieses Zeitalters – in die geistige Welt eindringen. Wir können nur dadurch mit menschlichen Kräften in die geistige Welt eindringen, daß wir uns in die Dinge vertiefen, aus den Dingen dasjenige herausholen, was wir universalia in rebus nennen können. Dann kann man zurückschließen, wie das mit diesen universalia ante res ist vorher –, so sagt er. Die Welt sehen wir bewegt; ein Ding bewegt immer das andere, weil es selbst bewegt ist. So kommen wir von einem bewegten Ding zu einem anderen bewegten Ding, von dem anderen bewegten Ding zu einem weiteren bewegten Ding. Das kann nicht so fortgehen, sondern wir müssen zu einem ersten Beweger kommen. Wäre der aber wieder bewegt, so würde es sich darum handeln, daß wir zu einem anderen Beweger übergehen. Wir müssen also zu einem unbewegten Beweger kommen. – Damit ist Thomas gerade angelangt – und auch Albertus macht ja denselben Schluß – bei dem aristotelischen unbewegten Beweger, bei der ersten Ursache. Den Gott als eine notwendig erste Wesenheit, als einen notwendig unbewegten ersten Beweger anzuerkennen, das ist dem logischen Denken gegeben.

Für die Trinität gibt es keinen solchen Gedankengang, der zu ihr hinführt. Sie ist aber überliefert. Man kann mit dem menschlichen Denken nur so weit kommen, daß man probiert, ob die Trinität widersinnig ist. Da findet man: Sie ist nicht widersinnig, aber man kann sie nicht beweisen, man muß sie glauben, man muß sie hinnehmen als einen Inhalt, bis zu dem sich die auf sich selbst gestellte menschliche Intellektualität nicht erheben kann.

So steht die Scholastik vor der damals so bedeutungsvollen Frage: Wie weit kommt man mit dem sich selbst überlassenen menschlichen Verstande? Aber durch die Zeitentwickelung war sie noch in ganz besonderer Weise hineingestellt in die Tiefen dieses Problems, denn andere Denker gingen voran. Die hatten etwas scheinbar ganz Absurdes angenommen. Die hatten gesagt, es könne etwas theologisch wahr und philosophisch falsch sein. Man könne rundweg sagen: Es kann durchaus sein, daß Dinge dogmatisch überliefert sind, wie zum Beispiel die Trinität; wenn man dann nachdenkt über dieselbe Frage, so kommt man zum entgegengesetzten Resultat. Es ist durchaus möglich, daß die Vernunft zu anderen Ergebnissen führt als der Glaubensinhalt. – Und das ist wichtig, das war das andere, wovor die Scholastiker standen: die Lehre von der doppelten Wahrheit. Das ist dasjenige, worauf die beiden Denker Albertus und Thomas ganz besonderen Wert legten: den Glaubensinhalt in Einklang zu bringen mit dem Vernunftinhalt, keinen Widerspruch zu suchen zwischen dem, was die Vernunft denken kann, allerdings nur bis zu einer gewissen Grenze, und dem Glaubensinhalt. Aber was die Vernunft denken kann, darf nicht widersprechen dem Glaubensinhalt, der Glaubensinhalt darf nicht widersprechen der Vernunft.

Das war dazumal ein Radikalismus, denn die Mehrzahl der tonangebenden Kirchenautoritäten hielt fest an der Lehre der doppelten Wahrheit: daß einfach der Mensch müsse auf der einen Seite etwas Vernünftiges denken, inhaltlich in *einer* Gestalt, und der Glaubensinhalt könne es ihm in einer anderen Gestalt geben, und er müsse mit diesen zwei Gestalten der Wahrheit leben. – Ich glaube, man könnte ein Gefühl bekommen für das geschichtliche Werden, wenn man bedenken würde, daß die Menschen mit ihren ganzen Seelenkräften vor so wenigen Jahrhunderten in solchen Problemen drinnensteckten. Denn diese Dinge tönen noch fort in unsere Zeiten. Wir leben auch noch in diesen Problemen. Wie wir darinnen leben, das wollen wir dann morgen besprechen. Heute wollte ich das Wesen des Thomismus im allgemeinen so charakterisieren, wie er in der damaligen Zeit gelebt hat.

Nun, sehen Sie, so war es, daß das Hauptproblem, das sich vor Albertus und Thomas hinstellte, das war: Wie verhält sich der Vernunftinhalt des Menschen zu dem Glaubensinhalt? Wie kann dasjenige, was die Kirche zu glauben vorgibt, erstens verstanden werden, zweitens verteidigt werden gegen das, was ihm entgegengesetzt ist? Darinnen hatten ja auch Leute wie Albertus und Thomas viel zu tun. Denn in Europa lebte nun nicht eben ausschließlich das, was ich charakterisiert habe, sondern es lebten noch allerlei andere Ansichten. Mit der Ausbreitung des Islam, mit der Ausbreitung der Araber haben sich noch andere Anschauungen in Europa geltend gemacht. Und etwas von jenen Anschauungen, die ich gestern als die manichäischen charakterisiert habe, war über ganz Europa hin geblieben.

Aber auch so etwas lebte wie dasjenige, was man als Repräsentation kennt durch die Lehre des *Averroës* aus dem 12. Jahrhundert, der da sagte: Was der Mensch denkt mit seinem reinen Intellekt, das gehört ihm nicht besonders, das gehört der ganzen Menschheit an. – Averroës sagt: Wir haben nicht etwa einen Verstand für uns; wir haben jeder einen Leib für uns, aber nicht jeder hat einen Verstand für sich. Der A hat einen eigenen Leib, aber der Verstand, der ist derselbe, den auch der B und wieder der C hat. – Man könnte sagen, für Averroes ist die Menschheit so, daß eine einheitliche Intelligenz, Verstand, da ist; in den tauchen alle Individuen unter. Da leben sie mit ihrem Kopf gewissermaßen. Wenn sie sterben, zieht sich der Leib zurück aus diesem universellen Verstande. Eine Unsterblichkeit gibt es nicht in dem Sinne eines individuellen Weiterdauerns nach dem Tode. Was da dauert, ist nur der universelle Verstand, ist nur das, was allen Menschen gemeinsam ist.

Für Thomas lag die Sache so, daß er zu rechnen hatte mit dieser Universalität des Verstandes, daß er aber sich stellen mußte auf den Standpunkt, daß dasjenige, was universeller Verstand ist, sich nicht nur so innig vereinigt mit dem, was nun individuelles Gedächtnis ist im einzelnen Menschen, sondern was während des Lebens sich so vereinigt auch mit dem, was die tätigen Kräfte der Organisation, der leiblichen Organisation sind, so vereinigt, so eine Einheit bildet, daß all das, was im Menschen wirkt als die gestaltenden, vegetativen Kräfte, animalen Kräfte, als die Kräfte des Gedächtnisses, daß all das gewissermaßen während des Lebens angezogen wird von dem universellen Verstande und der Gesinnung. So daß sich Thomas das so vorstellt, daß der Mensch das Individuelle durch das Universelle anzieht und dann in die geistige Welt hineinzieht dasjenige, was sein Universelles angezogen hat, so daß er es da hineinträgt. Es kann also für Albertus und Thomas keine Präexistenz geben, wohl aber eine Postexistenz. Das ist ja dasjenige, was auch für Aristoteles da war. In dieser Beziehung wird auch der Aristotelismus fortgesetzt von diesen Denkern.

So schließen sich zusammen die großen logischen Fragen der Universalien mit den Fragen, die das Weltenschicksal der einzelnen Menschen betreffen. In alles spielt schließlich – auch wenn ich Ihnen die Kosmologie des Thomas von Aquino, wenn ich Ihnen die außerordentlich weite, über fast alle Gebiete sich erstreckende, zahlreiche Bände umfassende Naturgeschichte des Albertus charakterisieren würde –, in all die Einzelheiten spielt hinein dasjenige, was ich Ihnen als das allgemeine logische Wesen des Albertinismus und des Thomismus charakterisieren mußte. Diese logische Wesenheit bestand darinnen: Wir können mit unserer Vernunft, was man dazumal eben den Intellekt nannte, nicht hinaufreichen; bis zu einer gewissen Grenze können wir alles in scharfsinniger Logik und Dialektik durchdringen, dann müssen wir eindringen in den Glaubensinhalt. Und so, wie ich es charakterisiert habe, standen beide diesen zwei Dingen gegenüber, ohne daß sie sich widersprechen: Was wir mit unserer Vernunft erfassen und was durch den Glaubensinhalt geoffenbart ist, beides kann nebeneinandergehen.

Was lag denn nun aber eigentlich vor? Ich glaube, man kann diese Frage von den verschiedensten Seiten anfassen. Was lag da eigentlich welthistorisch vor als Wesen des Albertinismus und als Wesen des Thomismus? Sehen Sie, für Thomas ist eigentlich charakteristisch und wichtig, daß er, indem er die Vernunft anstrengt, den Gott zu beweisen, zu gleicher Zeit zusetzen muß: Man kommt zu einer Gottesvorstellung, wie sie mit Recht im Alten Testament als Jahve bezeichnet worden ist. – Das heißt, indem Thomas ausgeht von den vernünftigen Wegen, welche die einzelne Menschenseele machen kann, kommt er zu jenem einheitlichen Gotte, den auch das Alte Testament als den Jahve-Gott bezeichnet hat. Will man zu dem Christus kommen, muß man zu dem Glaubensinhalt übergehen; zu ihm kann man nicht durch das kommen, was die menschliche Seele an eigenem Geistigen erlebt.

Nun steckt in den Auseinandersetzungen, gegen die sich die Hochscholastik einfach aus dem Zeitgeiste heraus wenden mußte, in diesen Anschauungen von der doppelten Wahrheit – daß etwas theologisch wahr und philosophisch falsch sein könne –, in ihnen steckt doch noch etwas Tieferes darinnen, was man allerdings in dem Zeitalter nicht überschauen konnte, in dem man überall umgeben war von dem Streben der Menschheit nach Rationalismus, nach Logik; es steckte doch etwas Tiefes dahinter. Es steckte nämlich das Folgende dahinter: daß diejenigen, die von der doppelten Wahrheit sprachen, allerdings nicht der Ansicht waren, daß theologisch Geoffenbartes und durch die Vernunft zu Erreichendes letzten Endes zweierlei ist, sondern vorläufig zweierlei Wahrheiten sind, und daß der Mensch deshalb zu zweierlei Wahrheiten kommt, weil er bis in das Innerste der Seele hinein den Sündenfall mitgemacht hat.

Diese Frage glimmt gewissermaßen in den Untergründen der Seele bis zu Albertus und Thomas hin. In den Untergründen der Seele glimmt die Frage: Ja, haben wir nicht auch in unserem Denken, in dem, was wir als Vernunft in uns sehen, die Erbsünde aufgenommen? Ist es nicht gerade, weil die Vernunft abgefallen ist von der Geistigkeit, daß uns die Vernunft andere Wahrheitsgehalte vorgaukelt als die wirkliche Wahrheit? – Nehmen wir in unsere Vernunft den Christus auf, nehmen wir in unsere Vernunft etwas auf, was diese Vernunft also umwandelt, was diese Vernunft weiterentwickelt, dann erst stellt sie sich in Einklang mit *der* Wahrheit, die der Glaubensinhalt ist. Die Sündhaftigkeit der Vernunft lag in einer gewissen Weise zugrunde, indem die Denker der voralbertinischen und vorthomistischen Zeit von zwei Wahrheiten sprachen. Mit der Lehre von der Erbsünde und der Lehre von der Erlösung durch Christus wollten sie Ernst machen. Sie hatten noch nicht die Gedankenkraft, die Logizität dazu, aber sie wollten das ernsthaft machen. Sie legten sich die Frage vor: Wie erlöst der Christus in uns die Wahrheit der Vernunft, die der geistig geoffenbarten Wahrheit widerspricht? Wie werden wir bis in das Innerste hinein Christen? Denn unsere Vernunft ist schon verderbt; in ihr lebt die Erbsünde, daher widerspricht sie der reinen Glaubenswahrheit.

Und nun traten Albertus und Thomas auf, und für sie schien es zunächst, daß es unrichtig ist, daß, wenn wir uns rein logisch in die universalia in rebus vertiefen, wenn wir in uns aufnehmen dasjenige, was in den Dingen Wirklichkeit ist, daß wir uns dann in Sündhaftigkeit über die Welt ergehen. Es darf nicht die gewöhnliche Vernunft sündhaft sein. Im Grunde lebt die Frage der Christologie in dieser

Frage der Hochscholastik. Und was nicht gelöst werden konnte für die Hochscholastik, das war die Frage: Wie tritt der Christus in das menschliche Denken ein? Wie wird das menschliche Denken durchchristet? Wie führt der Christus das eigene menschliche Denken hinauf in die Sphäre, wo es zusammenwachsen kann mit dem, was nur der geistige Glaubensinhalt ist?

Das steckte noch als das eigentlich Bewegende in den Seelen der Scholastiker drinnen. Daher ist es, trotzdem die vollkommenste logische Technik in der Scholastik lebt, vor allen Dingen wichtig, daß man nicht die Resultate der Scholastik nimmt, sondern daß man durch die Antwort hinschaut auf die Fragestellungen; daß man absieht von dem, wozu sich im 12., im 13. Jahrhundert die Menschen hindurchringen können; daß man sieht auf die großen Probleme, die damals aufgestellt worden sind. Man war noch nicht mit der Christologie so weit gekommen, daß man die Erlösung der Menschen von der Erbsünde bis in das menschliche Denken hinein hat verfolgen können. Daher mußten Albertus und Thomas der Vernunft das Recht absprechen, die Stufen zu überschreiten, über die hinaufschreitend sie in die geistige Welt selbst eintreten könne. Und es blieb von der Hochscholastik die Frage zurück: Wie entwickelt sich das menschliche Denken hinauf zu einer Anschauung der geistigen Welt?

Selbst das wichtigste Ergebnis der Hochscholastik ist eine Frage, ist nicht dasjenige, was als Inhalt von der Hochscholastik existiert. Es ist die Frage: Wie trägt man die Christologie in das Denken hinein? Wie wird das Denken christlich gemacht? – Diese Frage steht welthistorisch da in dem Augenblicke, als Thomas von Aquino 1274 stirbt. Bis zu diesem Momente konnte er sich nur durchringen zu der Frage. Die Frage steht mit aller Herzinnigkeit da in der europäischen Geisteskultur. Was aus ihr werden soll, das konnte nur zunächst so angedeutet werden, daß man sagte: Der Mensch dringt bis zu einem gewissen Grade in das Wesen, in das geistige Wesen der Dinge ein. Aber dann muß der Glaubensinhalt kommen. Und die beiden dürfen einander nur nicht widersprechen, sie müssen in Konkordanz miteinander sein. Aber die gewöhnliche Vernunft kann den Inhalt der höchsten Dinge, wie zum Beispiel die Trinität, die Inkarnation des Christus in dem Menschen Jesus und so weiter, nicht von sich aus begreifen. Die Vernunft kann begreifen nur so weit, daß sie sagen kann: Die Welt könnte in der Zeit entstanden sein, könnte aber auch von Ewigkeit her sein. Aber die Offenbarung sagt, sie ist in der Zeit entstanden. Wenn Sie die Vernunft noch einmal fragen, so finden Sie die Gründe, warum das In-der-Zeit-Entstehen das Vernünftigere, das Weisere ist.

So ist der Scholastiker hineingestellt in die ganze Zeit. Mehr als man denkt, lebt in aller heutigen Wissenschaft, in dem ganzen öffentlichen Leben der Gegenwart noch dasjenige fort, aber allerdings in einer besonderen Gestalt, was von der Scholastik übriggeblieben ist. Wie lebendig im Grunde genommen die Scholastik noch in unseren Seelen ist und welche Stellung zu dem, was noch lebt von der Scholastik, der gegenwärtige Mensch eigentlich einnehmen muß, davon wollen wir dann morgen sprechen.

III

DIE BEDEUTUNG DES THOMISMUS IN DER GEGENWART

Es war gestern mein Bemühen, am Schlusse der Betrachtungen über die Hochscholastik darauf hinzuweisen, wie das Wesentlichste in einer Gedankenströmung die Probleme sind, die Probleme, die in einer ganz bestimmten Weise in den Menschenseelen sich kundgaben, und die ja eigentlich doch alle gipfelten in einer gewissen Sehnsucht, zu begreifen: Wie erlangt der Mensch diejenigen Erkenntnisse, die ihm zum Leben notwendig sind, und wie gliedern sich diese Erkenntnisse in dasjenige ein, was dazumal in sozialer Beziehung die Gemüter beherrschte, wie gliedert sich das, was an Erkenntnissen gewonnen werden kann, ein in den Glaubensinhalt der christlichen Kirche des Abendlandes?

Die ringenden Scholastiker haben es zunächst zu tun gehabt mit der menschlichen Individualität, die, wie wir gesehen haben, als solche sich immer mehr herausrang, die zunächst nicht mehr als solche imstande war, das Erkenntnisleben hinaufzutragen bis zu wirklichem, konkretem Geistinhalt, wie er noch heraufleuchtete im Laufe der Zeit aus dem, was übriggeblieben war von dem Neuplatonismus, was übriggeblieben war von dem Areopagiten und von Scotus Erigena. Ich habe auch schon darauf hingewiesen, daß die Impulse, die durch die Hochscholastik gegeben waren, in einer gewissen Weise fortlebten. Aber sie lebten so fort, daß man sagen kann: Die Probleme selbst sind groß und gewaltig, und die Art und Weise, wie sie gestellt waren – wir haben gestern gesehen, wie sie gestellt waren –, die wirkte noch lange nach. Und – das soll gerade der Inhalt der heutigen Betrachtung sein – eigentlich wirkt, wenn auch in ganz veränderter methodischer Form, dasjenige, was dazumal als das größte Problem aufging, das Verhältnis des Menschen zur sinnlichen und geistigen Wirklichkeit, es wirkt noch immer nach, wenn man es auch nicht sieht in der heutigen Zeit, wenn es auch in der heutigen Zeit scheinbar ganz der Scholastik entgegengesetzte Gestalt annimmt. Es wirkt nach. Es ist gewissermaßen das alles in den geistigen Betätigungen der Gegenwart noch, aber wesentlich verändert durch alles das, was in der Zwischenzeit wiederum durch bedeutsame Persönlichkeiten hingestellt worden ist in die europäische Menschheitsentwickelung auf dem philosophischen Gebiete.

Wir sehen auch, wenn wir hinübergehen von *Thomas von Aquino* zu dem Franziskanermönch, der wahrscheinlich aus Irland stammte und im Beginne des 14. Jahrhunderts in Paris, später in Köln gelehrt hat, *Duns Scotus*, wir sehen da sogleich, wenn wir zu dieser Persönlichkeit herüberkommen, wie gewissermaßen das Problem zu groß wird selbst für alles das, was an wunderbarer, intensiver Denktechnik zurückgeblieben war aus den Zeiten der eigentlichen Meisterschaft in der Denktechnik, aus den Zeiten der Scholastik.

Vor Duns Scotus steht neuerdings die Frage: Wie lebt das Menschlich-Seelische in dem Menschlich-Leiblichen? Es war noch so bei Thomas von Aquino, daß er – wie ich gestern auseinandersetzte – das Seelische sich hinein wirksam dachte in die Gesamtheit des Leiblichen. So daß der Mensch zwar, wenn er durch Empfängnis und Geburt hereintritt in das physisch-sinnliche Dasein, nur ausgerüstet wird durch die physisch-leibliche Vererbung mit den vegetativen Kräften, mit den gesamten mineralischen Kräften und mit den Kräften des sinnlichen Auffassungsvermögens, daß sich aber ohne Präexistenz eingliedert in den Menschen der eigentliche Intellekt, der tätige Intellekt, dasjenige, was Aristoteles den Nous poietikos genannt hat. Aber für Thomas ist die Sache so, daß dieser Nous poietikos nun gewissermaßen aufsaugt das gesamte Seelische – das vegetativisch Seelische, das animalisch Seelische – und nur die Körperlichkeit aufsetzt, um das in seinem Sinne umzuwandeln, zu metamorphosieren, um dann unsterblich fortzuleben mit dem, was er, der selbst aus ewigen Höhen heraus in den Menschenleib, aber ohne Präexistenz, eingezogen ist, aus diesem Menschenleib gewonnen hat.

Duns Scotus kann sich ja schon nicht vorstellen, daß solch ein Aufsaugen des gesamten Kräftesystems der menschlichen Wesenheit durch den tätigen Verstand stattfinde. Er kann sich nur vorstellen, daß die menschliche Körperlichkeit gewissermaßen wie etwas Fertiges vorliegt, daß in einer gewissen selbständigen Weise durch das ganze Leben hindurch bleibt das vegetative, das animalische Prinzip, dann abgeworfen wird mit dem Tode, und daß nur das eigentlich geistige Prinzip, der intellectus agens, dann in die Unsterblichkeit übergeht. Scotus kann sich das ebensowenig vorstellen, was dem Thomas von Aquino noch vorgeschwebt hat: die Durchdringung des ganzen Leibes mit dem Menschlich-Seelisch-Geistigen, wie sein Schüler, *Wilhelm von Ockham* – der dann in München im 14. Jahrhundert gestorben ist, und der vor allen Dingen wieder zum Nominalismus zurückgekehrt ist –, weil ihm der menschliche Verstand etwas Abstraktes geworden ist, etwas, das ihm nicht mehr die geistige Welt repräsentierte, sondern was ihm nur aus der Überlegung gewonnen erschien, aus der sinnlichen Wahrnehmung. Er konnte sich nicht mehr vorstellen, daß nur in den Universalien, in den Ideen das gegeben sei, was nun eine Realität ergäbe. Er verfiel wiederum in den Nominalismus, wiederum in die Anschauung, daß dasjenige, was im Menschen sich festsetzt als Ideen, als allgemeine Begriffe, nur konzipiert ist aus der sinnlichen Umwelt, daß es eigentlich nur etwas ist, was im menschlichen Geiste, ich möchte sagen, um der bequemen Zusammenfassung des Daseins willen lebt als Name, als Worte. Kurz, er kehrte wiederum zurück zum Nominalismus.

Das ist im Grunde genommen eine bedeutsame Tatsache, denn man sieht, der Nominalismus, wie er zum Beispiel bei *Roscellin* aufgetreten ist – dem selbst die Trinität auseinandergefallen ist wegen seines Nominalismus –, dieser Nominalismus wird nur unterbrochen durch die intensive Gedankenarbeit des *Albertus Magnus* und Thomas von Aquino und einiger anderer, und gleich fällt die europäische Menschheit wiederum zurück in den Nominalismus, in jenen Nominalismus, der im Grunde genommen ist die Unfähigkeit der sich immer mehr und mehr heraufringenden Individualität des Menschen, das, was er im Geiste als Ideen gegenwärtig hat, zu fassen als eine geistige Realität, es so zu fassen, daß es etwas ist, was lebt in dem Menschen und lebt in einer gewissen Weise auch in den Dingen. Die Ideen werden von Realitäten sogleich wiederum zu Namen, zu bloßen leeren Abstraktionen.

Man sieht hin auf die Schwierigkeiten, welche das europäische Denken immer mehr und mehr hatte, indem es die Frage nach der Erkenntnis aufwarf. Denn erkennen müssen wir Menschen doch schließlich – wenigstens im Beginne des Erkennens müssen wir uns der Ideen bedienen –, erkennen müssen wir durch die Ideen. Die große Frage muß immer wieder auftreten: Wie vermitteln uns die Ideen die Wirklichkeit? Aber es ist im Grunde genommen kaum eine Möglichkeit für eine Antwort da, wenn einem die Ideen bloß als realitätslose Namen erscheinen. Und diese Ideen, die dem alten Griechentum, wenigstens dem eingeweihten Griechentum, noch waren die letzten von oben herunterkommenden Kundgebungen einer realen Geistwelt, diese Ideen verabstrahierten sich immer mehr und mehr für das europäische Bewußtsein. Diesen Prozeß des Verabstrahierens, des Wortwerdens der Ideen, sehen wir im Grunde genommen immer mehr und mehr zunehmen, indem wir weiterverfolgen die Entwickelung des abendländischen Denkens.

Einzelne Persönlichkeiten heben sich später noch heraus, wie zum Beispiel *Leibniz,* der sich im Grunde genommen nicht einläßt auf die Frage: Wie erkennt man durch die Ideen?, weil er wohl traditionell noch im Besitze einer gewissen spirituellen Anschauung ist und alles zurückführt auf individuelle Weltenmonaden, die eigentlich geistig sind. Es ragt Leibniz über die anderen turmhoch empor, indem er noch den Mut hat, die Welt als geistige vorzustellen. Ja, die Welt ist ihm geistig; sie besteht ihm aus lauter geistigen Wesenheiten. Aber ich möchte sagen, was für eine frühere Zeit, deren Erkenntnis allerdings mehr instinktiv war, deren Erkenntnis noch nicht durchleuchtet war von einer solchen Logik, wie die Scholastik war, dasjenige, was für eine solche Zeit differenzierte geistige Individualitäten waren, das sind für Leibniz mehr oder weniger graduell abgestufte Geistpunkte, Monaden. Die geistige Individualität ist gesichert, aber sie ist nur in der Gestalt der Monade gesichert, in der Gestalt gewissermaßen eines geistigen Punktwesens.

Wenn wir absehen von Leibniz, dann sehen wir im ganzen Abendlande zwar ein starkes Ringen nach Gewißheit über die Urgründe des Daseins, aber zu gleicher Zeit überall das Unvermögen, die Nominalismusfrage wirklich zu lösen. Ganz besonders bedeutsam tritt das hervor bei dem Denker, der ja mit Recht immer an den Ausgangspunkt der neueren Philosophiegeschichte gestellt wird, es tritt entgegen bei dem

Denker *Cartesius, Descartes,* der im Beginn oder in der ersten Hälfte des 17. Jahrhunderts lebte. Man lernt ja überall in der Philosophiegeschichte den eigentlichen Grundquell der Cartesiusschen Philosophie kennen in dem Satz: cogito ergo sum, ich denke, also bin ich. – In diesen Satz ragt noch herein ein Streben des Augustinismus. Denn Augustinus ringt sich aus jenem Zweifel heraus, von dem ich im ersten Vortrage gesprochen habe, indem er sich sagt: Zweifeln kann ich an allem, aber die Tatsache des Zweifelns besteht doch, und ich lebe doch, während ich zweifle. Ich kann daran zweifeln, daß Sinnendinge um mich herum sind, ich kann daran zweifeln, daß Gott ist, daß Wolken sind, daß Sterne sind, aber wenn ich zweifle, so ist der Zweifel da. An demjenigen, was in meiner eigenen Seele vorgeht, kann ich nicht zweifeln. Da ist eine Sicherheit, ein sicherer Ausgangspunkt zu erfassen. – Cartesius nimmt diesen Gedanken wieder auf: Ich denke, also bin ich.

Bei solchen Dingen setzt man sich selbstverständlich argen Mißverständnissen aus, wenn man genötigt ist, ein Einfaches gegen ein historisch Angesehenes setzen zu müssen. Und dennoch ist es notwendig. Nicht wahr, dem Cartesius und vielen seiner Nachfolger – in dieser Beziehung hat er ja unzählig viele Nachfolger gehabt – schwebt vor: Wenn ich in meinem Bewußtsein Denkinhalt habe, wenn ich denke, so ist nicht hinwegzuleugnen die Tatsache, daß ich denke; also bin ich, also ist mein Sein durch mein Denken gesichert. Ich wurzle gewissermaßen im Weltensein, indem ich mein Sein durch mein Denken gesichert habe.

Damit beginnt eigentlich die neuere Philosophie als Intellektualismus, als Rationalismus, als etwas, das ganz aus dem Denken heraus arbeiten will und insoferne nur der Nachklang ist der Scholastik, die ja die Wendung zum Intellektualismus hin in so energischer Weise genommen hat.

Zweierlei sieht man bei Cartesius. Erstens muß man ihm den einfachen Einwand machen: Ist wirklich durch die Tatsache, daß ich denke, mein Sein ergriffen? Jeder Nachtschlaf beweist das Gegenteil. – Das ist eben das Einfache, das man einwenden muß: Wir wissen an jedem Morgen, an dem wir aufwachen, wir müssen gewesen sein vom Abend bis zum Morgen, aber wir haben nicht gedacht. Also ist der Satz: Ich denke, also bin ich, cogito ergo sum einfach widerlegt. Das Einfache, das, ich möchte sagen, wie eine Art Ei des Kolumbus ist, das muß schon einmal einem angesehenen Satze, der ungeheuer viel Nachfolge gefunden hat, entgegengehalten werden.

Das ist das eine, was in bezug auf Cartesius zu sagen ist. Das andere aber ist die Frage: Worauf ist denn eigentlich das ganze philosophische Streben des Cartesius gerichtet? Es ist nicht mehr auf Anschauung gerichtet, es ist nicht mehr auf das Empfangen eines Weltengeheimnisses für das Bewußtsein gerichtet, es ist wirklich ganz intellektualistisch, ganz denkerisch orientiert. Es ist auf die Frage hingerichtet: Wie erlange ich Gewißheit? Wie komme ich aus dem Zweifel heraus? Wie erfahre ich, daß Dinge *sind*, und daß ich selbst *bin*? Es ist nicht mehr eine materielle Frage, eine Frage des inhaltlichen Ergebnisses der Weltenbeobachtung, es ist eine Frage der Sicherung der Erkenntnis.

Diese Frage steigt auf aus dem Nominalismus der Scholastiker, den nur Albertus und Thomas für eine gewisse Zeit überwunden haben, der aber nach ihnen sogleich wiederum auftritt. Und so stellt sich für die Leute dasjenige dar, was sie in ihrer Seele bergen und dem sie nur einen Namencharakter beilegen können, den sie hineinklauben in die Seele, um irgendwo in dieser Seele einen Punkt zu finden, von dem aus sie sich jetzt nicht ein Weltbild, eine Weltanschauung verschaffen können, sondern die Gewißheit, daß überhaupt nicht alles Täuschung, nicht alles Unwahrheit ist, daß man hinausschaut in die Welt und auf eine Realität schaut, daß man hineinschaut in die Seele und auf eine Realität schaut.

Es ist in alledem wohl deutlich wahrnehmbar dasjenige, worauf ich gestern am Schlusse hingedeutet habe, nämlich daß die menschliche Individualität zum Intellektualismus gekommen ist, aber gewissermaßen im Intellektualismus, im Denkerischen das Christus-Problem noch nicht empfunden hat. Das Christus-Problem tritt für Augustinus etwa auf, indem er noch auf die ganze Menschheit schaut. Der Christus da drinnen in der menschlichen Seele, der dämmert, möchte ich sagen, dann für die christlichen Mystiker des Mittelalters auf; aber er dämmert nicht auf klar und deutlich bei denjenigen, die ihn aus dem Denken heraus nur finden wollten, aus jenem Denken, das der sich gebärenden Individualität so notwendig ist, oder aus dem, das diesem Denken sich ergeben würde. Dieses Denken, das nimmt sich gewissermaßen in seinem Urzustand so aus, wie es herausquillt aus der menschlichen Seele, daß es ablehnt dasjenige, was gerade für das Innerste des Menschen das Christliche sein müßte. Es lehnt ab die Umwandlung, die innere Metamorphose, es lehnt ab, so sich zum Erkenntnisleben zu stellen, daß man sich sagen würde: Ja, ich denke, ich denke zunächst über mich und die Welt. Aber dieses Denken ist noch ein unentwickeltes. Dieses Denken ist gewissermaßen dasjenige, das nach dem Sündenfall liegt. Es muß sich über sich selbst erheben. Es muß sich verwandeln, es muß sich emporheben in eine höhere Sphäre.

Eigentlich hat nur einmal so recht deutlich diese Notwendigkeit aufgeleuchtet in einer Denkerpersönlichkeit, und das ist bei dem Nachfolger des Cartesius, bei *Spinoza.* Spinoza hat ja wirklich aus guten Gründen jenen tiefen Eindruck auf

Leute wie Herder und Goethe gemacht; denn Spinoza, wenn er auch scheinbar ganz im Intellektualismus, der aus der Scholastik heraus geblieben ist oder sich umgewandelt hat, noch drinnensteckt, Spinoza faßt doch diesen Intellektualismus so auf, daß der Mensch zuletzt eigentlich nur zur Wahrheit komme – die zuletzt für Spinoza in einer Art Intuition besteht –, indem er das Intellektuelle, das innere denkerische Seelenleben umwandelt, nicht stehenbleibt bei dem, was im Alltagsleben und im gewöhnlichen wissenschaftlichen Leben da ist. Und da kommt gerade Spinoza dazu, sich zu sagen: Durch die Entwickelung des Denkens füllt sich dieses Denken wieder an mit geistigem Inhalt. – Gewissermaßen die geistige Welt, die wir kennengelernt haben im Plotinismus, ergibt sich wiederum dem Denken, wenn dieses Denken entgegengehen will dem Geiste. Der Geist erfüllt als Intuition wiederum das Denken.

Es ist sehr interessant, denke ich, daß es im Grunde genommen dieser Spinoza ist, welcher sagt: Überblicken wir das Weltendasein, wie es in seiner höchsten Substanz im Geiste sich weiterentwickelt, wie wir dann diesen Geist in die Seele aufnehmen, indem wir uns mit unserem Denken zur Intuition erheben, indem wir auf der einen Seite so intellektualistisch sind, daß wir strenge wie mathematisch beweisen, aber im Beweisen zu gleicher Zeit uns entwickeln und erheben, so daß der Geist uns entgegenkommen kann. – Wenn wir uns so erheben, dann begreifen wir auch von diesem Gesichtspunkte aus den historischen Werdegang desjenigen, was in der Menschheitsentwickelung drinnen ist. Und es ist merkwürdig, daß herausleuchtet aus den Schriften des Juden Spinoza folgender Satz: Die höchste Offenbarung der göttlichen Substanz ist in Christus gegeben. – In Christus ist die Intuition zur Theophanie geworden, zur Menschwerdung Gottes, und Christus' Stimme ist daher in Wahr-

"Theophanie" = Erscheinung Gottes

heit Gottes Stimme und der Weg zum Heil. – Das heißt, der Jude Spinoza kommt darauf, daß der Mensch aus seinem Intellektualismus heraus sich so entwickeln kann, daß ihm der Geist entgegenkommt. Ist er dann in der Lage, sich auf das Mysterium von Golgatha zu richten, so wird die Erfüllung mit dem Geiste nicht nur Intuition, das heißt Erscheinung des Geistes durch das Denken, sondern es verwandelt sich die Intuition in Theophanie, in die Erscheinung des Gottes selbst. Der Mensch tritt dem Gotte spirituell entgegen. Man möchte sagen, Spinoza war nicht zurückhaltend mit dem, was ihm plötzlich aufgegangen war, denn dieser Ausspruch beweist das. Aber es erfüllt wie eine Stimmung, wie ein Grundton dasjenige, was er in dieser Weise herausgefunden hat aus der Entwickelung der Menschheit, es erfüllt das seine «Ethik».

Und wiederum geht es über auf einen empfänglichen Menschen. Deshalb kann man einsehen, daß für jemanden, der ganz gewiß auch zwischen den Zeilen dieser «Ethik» lesen konnte, der das Herz, das in dieser «Ethik» lebt, in dem eigenen Herzen empfinden konnte, daß für *Goethe* diese «Ethik» des Spinoza ein so tonangebendes Buch wurde. Es wollen doch diese Dinge nicht bloß so abstrakt angesehen werden, wie man das gewöhnlich in der Philosophiegeschichte tut; sie wollen angesehen werden vom menschlichen Standpunkte aus, und man muß schon hinblicken auf dasjenige, was herüberleuchtet von Spinozismus in die Goethesche Seele hinein. Aber im Grunde genommen ist dasjenige, was da nur zwischen den Zeilen des Spinoza herausleuchtet, doch etwas, was schließlich nicht zeitbeherrschend wurde. Zeitbeherrschend wurde dennoch das Unvermögen, über den Nominalismus hinauszukommen. Ja, der Nominalismus wird zunächst so, daß man sagen möchte, der Mensch spinnt sich immer mehr und mehr ein in den Gedanken: Ich lebe ja in etwas, was die Außenwelt nicht erfassen kann, in etwas, was aus mir nicht herauskann, um in die Außenwelt sich hineinzuversenken und etwas von der Natur der Außenwelt aufzunehmen. – Und so kommt es, daß diese Stimmung, daß man so allein ist in sich selber, daß man nicht hinauskann über sich und von der Außenwelt etwas empfängt, dann schon auftritt bei *Locke* im 17. Jahrhundert in der Form, daß Locke sagt: Auch dasjenige, was wir als Farben, als Töne in der Außenwelt wahrnehmen, das ist nicht mehr etwas, was uns zur Realität der Außenwelt führt; es ist im Grunde genommen nur die Wirkung der Außenwelt auf unsere Sinne, es ist etwas, mit dem wir schließlich auch in unsere eigene Subjektivität eingesponnen sind. – Das ist die eine Seite der Sache.

Die andere Seite der Sache ist, daß bei solchen Geistern wie *Baco von Verulam* im 16. und 17. Jahrhundert der Nominalismus eine ganz durchdringende Weltanschauung wird, daß bei Bacon das so zutage tritt, daß er sagt: Man muß aufräumen mit alledem, was des Menschen Aberglaube an die Realität desjenigen ist, was im Grunde genommen nur als Name gegeben ist. Eine Realität liegt uns nur vor, wenn wir hinausschauen auf die Sinneswelt. Die Sinne allein liefern in der empirischen Erkenntnis Realitäten. – Neben diesen Realitäten spielen eine wirklich wissenschaftliche Rolle jene Realitäten bei Bacon schon nicht mehr, um derentwillen eigentlich Albertus und Thomas ihre Vernunfterkenntnistheorie aufgebaut haben. Sozusagen verflüchtigt hat sich die geistige Welt bei Bacon schon zu etwas, was nun nicht mehr mit einer wissenschaftlichen Gewißheit und Sicherheit aus dem Innern des Menschen hervorquellen kann. Nur Glaubensinhalt wird dasjenige, was geistige Welt ist, den man nicht berühren soll mit dem, was man Wissen, was man Erkenntnis nennt. Dagegen soll die Erkenntnis nur gewonnen werden aus der äußerlichen Beobachtung und aus dem Experiment, das ja nur eine gesteigerte äußere Beobachtung ist.

Und so geht es dann fort bis zu *Hume* im 18. Jahrhundert, dem sogar schon der Zusammenhang zwischen Ursache und Wirkung zu etwas wird, was nur in der menschlichen Subjektivität lebt, was schließlich der Mensch den Dingen nur beilegt aus einer gewissen äußeren Gewohnheit heraus. Man sieht, wie ein Alp lastet der Nominalismus, das Erbe der Scholastik, auf den Menschen.

Was ist zunächst das wichtigste Kennzeichen dieser Entwickelung? Das wichtigste Kennzeichen dieser Entwickelung ist doch dieses, daß die Scholastik mit ihrem Scharfsinn dasteht, daß sie entsteht in einer Zeit, wo das Vernunftgut abgegrenzt werden soll gegen das Wahrheitsgut einer geistigen Welt. Der Scholastiker hatte zur Aufgabe, auf der einen Seite hinzuschauen auf das Wahrheitsgut einer geistigen Welt, das für ihn ja natürlich durch den Glaubensinhalt, durch den Offenbarungsinhalt der Kirche überliefert war. Er hatte auf der andern Seite hinzuschauen auf dasjenige, was sich durch die eigene Kraft der menschlichen Erkenntnis ergeben kann. Das, was der Gesichtspunkt der Scholastiker war, das versäumte zunächst jene Frontänderung, die einfach die Zeitentwickelung notwendig gemacht hätte. Als Thomas, als Albertus ihre Philosophien zu entwickeln hatten, da gab es noch keine naturwissenschaftliche Weltanschauung. Da hatten noch nicht Galilei, Giordano Bruno, Kopernikus, Kepler gewirkt, da gab es noch nicht den Hinblick der Menschen auf die äußere Natur mit den Kräften des menschlichen Verstandes. Da hatte man nicht sich auseinanderzusetzen gebraucht mit dem, was die menschliche Vernunft aus den Tiefen der Seele heraus finden kann, und dem, was gewonnen wird aus der äußeren empirischen, aus der sinnlichen Welt. Da hatte man sich nur auseinanderzusetzen gebraucht mit dem, was die Vernunft zu finden hat aus den Tiefen der Seele heraus im Verhältnis zu dem, was geistiges Wahrheitsgut war, wie es die Kirche überliefert hatte, wie es dastand vor diesen Menschen, die nicht mehr durch innere spirituelle Entwickelung sich zu diesem Weisheitsgut selbst in seiner Realität erheben konnten, die es aber sahen in der Gestalt, wie es ihnen die Kirche überliefert hatte, eben einfach als Tradition, als Schriftinhalt und so weiter.

Entsteht da eigentlich nicht die Frage: Wie verhält sich der Vernunftinhalt, dasjenige, was Albertus und Thomas als Erkenntnistheorie für den Vernunftinhalt entwickelt haben, zum Inhalte der naturwissenschaftlichen Weltanschauung? Man möchte sagen, es ist jetzt ein ohnmächtiges Ringen bis in das 19. Jahrhundert hinein. Und da sehen wir etwas sehr Merkwürdiges. Während wir zurückblicken in das 13. Jahrhundert, Albertus und Thomas sehen, die Menschheit belehrend über die Grenzen der Vernunfterkenntnis gegenüber dem Glaubens-, dem Offenbarungsinhalt, sehen wir, wie Albertus und Thomas Stück für Stück zeigen: Der Offenbarungsinhalt ist da, aber er ergibt sich nur bis zu einem gewissen Teile der menschlichen Vernunfterkenntnis, er bleibt außerhalb dieser Vernunfterkenntnis, er bleibt für die Vernunfterkenntnis Welträtsel. – Wir können sie aufzählen, diese Welträtsel: die Inkarnation, das Enthaltensein des Geistes im Altarsakramente, und so weiter – das liegt jenseits der Grenze des menschlichen Erkennens. Für Albertus und Thomas ist es so, daß der Mensch auf der einen Seite steht, die Grenze der Erkenntnis gewissermaßen ihn umgibt und er nicht hineinblicken kann in die spirituelle Welt. Das ergibt sich für das 13. Jahrhundert.

Und jetzt blicken wir herüber in das 19. Jahrhundert. Da sehen wir eine merkwürdige Tatsache: In den siebziger

Jahren, bei einer berühmten Naturforscherversammlung in Leipzig, hält *Du Bois-Reymond* seine eindrucksvolle Rede «Über die Grenzen des Naturerkennens» und bald darnach über «Die sieben Welträtsel». Was ist da die Frage geworden? (Es wird gezeichnet.) *Da* steht der Mensch, *da* ist die Grenze der Erkenntnis; jenseits dieser Grenze liegt aber die materielle Welt, liegen die Atome, liegt dasjenige, wovon Du Bois-Reymond sagt: Man weiß nicht, was das ist, was als Materie im Raume spukt. – Und diesseits der Grenze liegt dasjenige, was in der menschlichen Seele sich entwickelt.

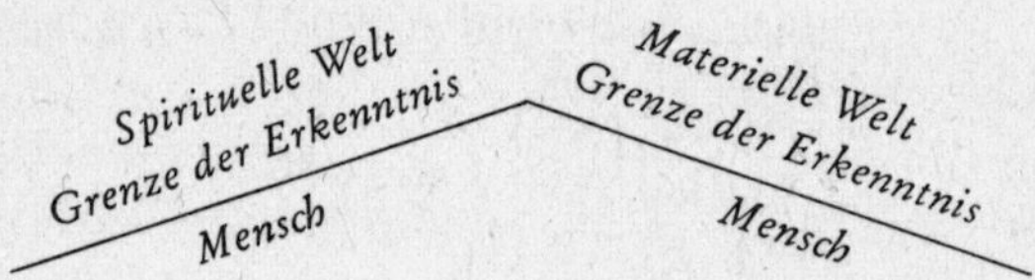

Wenn auch, verglichen mit dem imposanten Werke, das als Scholastik vom Mittelalter heraufleuchtet, das eine Kleinigkeit ist, die einem da entgegentritt in den siebziger Jahren durch Du Bois-Reymond, so ist es doch das wahre Gegenstück: dort die Frage nach den Rätseln der spirituellen Welt, hier die Frage nach den Rätseln der materiellen Welt; hier die Grenze zwischen dem Menschen und den Atomen, dort die Grenze zwischen dem Menschen und den Engeln und Gott. In diese Zeitenspanne müssen wir hineinblicken, wenn wir anschauen wollen alles das, was nun wie eine nähere oder weitere Folge der Scholastik auftaucht. Als etwas wenigstens für die Zeitgeschichte Bedeutsames taucht auf aus dieser Scholastik die Kantsche Philosophie, von Hume beeinflußt, diese Kantsche Philosophie, unter deren Eindruck die Menschen, die philosophieren, auch heute noch stehen, nachdem in den sechziger Jahren, als die Kantsche Philosophie ein wenig zurückgetreten war, die Philosophen Deutschlands den Ruf erhoben haben: Zurück zu Kant! – und seither eine unübersehbare Kantliteratur sich geoffenbart hat und auch selbständige Kantdenker wie *Volkelt*, *Cohen* und so weiter – ein ganzes Heer könnte man aufzählen – aufgetreten sind.

Wir können ja heute *Kant* selbstverständlich nur skizzenhaft charakterisieren. Wir brauchen nur hinzuweisen auf das, was das Wesentliche bei ihm ist. Ich glaube nicht, daß, wer Kant wirklich studiert, ihn anders finden kann als so, wie ich ihn versuchte zu finden in meiner kleinen Schrift «Wahrheit und Wissenschaft». Vor Kant steht Ende der sechziger Jahre und Anfang der siebziger Jahre des 18. Jahrhunderts mit aller Gewalt jetzt nicht eine Inhaltsfrage der Weltanschauung, nicht irgend etwas, was in bestimmten Gestalten, Bildern, Begriffen, Ideen über die Dinge bei ihm aufgetreten wäre, sondern vor ihm steht eigentlich die formelle Erkenntnisfrage: Wie gewinnen wir Sicherheit über irgend etwas in der Außenwelt, über ein Sein in der Außenwelt? – Mehr peinigt Kant die Frage der Gewißheit der Erkenntnis als irgendein Inhalt der Erkenntnis. Ich meine, das sollte man sogar fühlen, wenn man die Kantsche «Kritik» vornimmt, wie es nicht der Inhalt der Erkenntnis ist, sondern wie es das Streben nach einem Prinzip der Sicherheit der Erkenntnis ist, was bei Kant auftritt. Man lese doch die «Kritik der reinen Vernunft», die «Kritik der praktischen Vernunft», und sehe sich um, wie, nachdem das ja in einer gewissen Beziehung klassische Kapitel über Raum und Zeit überwunden ist, wie dann auftritt die Kategorienlehre, nur, man möchte sagen rein pedantisch abgezählt, um eine gewisse Vollständigkeit zu haben. Wahrhaftig, da läuft nicht die Darstellung, diese «Kritik der reinen Vernunft» so fort, wie bei jemandem, der von Satz zu Satz mit seinem Herzblut schreibt.

Wichtiger ist es für Kant, viel wichtiger: Wie verhält sich dasjenige, was wir Begriffe nennen, was überhaupt der ganze Inhalt der Erkenntnis ist, zu einer äußeren Wirklichkeit? – als dieser Inhalt der Erkenntnis selbst. Den Inhalt stoppelt er sozusagen aus alledem, was ihm philosophisch überliefert ist, zusammen. Er schematisiert, systematisiert. Aber überall tritt die Frage auf: Wie kommt man zu einer Gewißheit, zu einer solchen Gewißheit – das sagt er ja ganz deutlich –, wie sie in der Mathematik vorhanden ist? – Und zu einer solchen Gewißheit kommt er auf eine Art, die im Grunde genommen nichts weiter ist als ein verwandelter und noch dazu außerordentlich kaschierter und maskierter Nominalismus, nur ein Nominalismus, der nun auch noch auf die Formen der Sinnlichkeit, Raum und Zeit ausgedehnt wird außer auf die Ideen, auf die Universalien. Er sagt: Dasjenige, was wir in unserer Seele entwickeln als Inhalt der Erkenntnis, das hat im Grunde genommen gar nichts mit etwas zu tun, das wir aus den Dingen herausholen. Wir stülpen es über die Dinge drüber. Wir bekommen die ganze Form unserer Erkenntnis aus uns selber heraus. Wenn wir sagen: A hängt mit B nach dem Prinzip der Verursachung zusammen –, so ist dieses Prinzip der Verursachung nur in uns. Wir stülpen es über A und B, über die beiden Erfahrungsinhalte hinüber. Wir tragen die Ursächlichkeit in die Dinge hinein.

Mit andern Worten, so paradox das sich ausnimmt – aber wirklich nur historisch paradox gegenüber etwas, das solch maßloses Ansehen hat wie die Kantsche Philosophie –, es muß doch dieses Paradoxe gesagt werden: Kant sucht ein Prinzip der Gewißheit dadurch, daß er überhaupt leugnet, wir nehmen den Inhalt unserer Erkenntnis aus den Dingen, und behauptet, wir nehmen ihn aus uns selber und legen ihn in die Dinge hinein. Das heißt mit anderen Worten, und das ist eben die Paradoxie: Wir haben Wahrheit, weil wir sie selber machen, wir haben im Subjekte Wahrheit, weil wir sie selbst erzeugen. Wir tragen die Wahrheit erst in die Dinge hinein.

Da haben Sie die letzte Konsequenz des Nominalismus. Die Scholastik hat gerungen mit den Universalien, mit der Frage: Wie lebt dasjenige, was wir in die Ideen aufnehmen, draußen in der Welt? Sie konnte nicht zu einer wirklichen Lösung des Problems kommen, die vorläufig vollauf befriedigend geworden wäre. Kant sagt: Nun gut, die Ideen sind bloße Nomina. Wir bilden sie nur in uns, aber wir stülpen sie als Nomina hinüber über die Dinge; dadurch werden sie Realität. Sie mögen lange nicht Realität sein, aber indem ich mich den Dingen gegenüberstelle, schiebe ich die Nomina in die Erfahrung hinein und mache sie zu Realitäten, denn die Erfahrung muß so sein, wie ich es ihr durch die Nomina befehle.

Der Kantianismus ist damit in einer gewissen Weise die Vermehrung des Nominalismus, in einer gewissen Weise die äußerste Spitze des Nominalismus, in einer gewissen Weise der äußerste Niedergang der abendländischen Philosophie, der vollständige Bankrott des Menschen in bezug auf sein Wahrheitsstreben, die Verzweiflung daran, daß man irgendwie aus den Dingen heraus die Wahrheit gewinnen könnte. Daher das Diktat: Die Wahrheit kann nur sein, wenn wir sie selber in die Dinge hineintragen. – Kant hat alle Objektivität, alle Möglichkeit des Menschen, in die Realität der Dinge unterzutauchen, zerstört. Kant hat jede mögliche Erkenntnis zerstört, jedes mögliche Wahrheitsstreben zerstört, denn Wahrheit kann nicht bestehen, wenn sie nur im Subjekte gemacht wird.

Dies ist eine Konsequenz der Scholastik, weil sie nicht eingehen konnte in die andere Seite, wo sich die andere Grenze ergeben hat, die zu überwinden war. Weil das naturwissenschaftliche Zeitalter herauftauchte und die Scholastik nicht die Frontänderung nach der Naturwissenschaft hin vorgenommen hat, trat der Kantianismus auf, der im Grunde als Subjektivität ausgegangen ist und dann aus der Subjektivität, in der er alle Erkenntnis ausgelöscht hat, heraufsprießen läßt die sogenannten Postulate Freiheit, Unsterblichkeit und die Gottesidee. Wir *sollen* das Gute tun, den kategorischen Imperativ erfüllen, dann müssen wir es können. Das heißt, wir müssen frei sein, aber wir können es nicht, indem wir hier im physischen Leibe leben. Wir erreichen erst eine Vollkommenheit, so daß wir den kategorischen Imperativ voll ausführen können, wenn wir außer dem Leibe sind. Also muß es eine Unsterblichkeit geben. Aber auch da können wir es noch nicht als Menschen einsehen. Dasjenige, was der Inhalt ist unseres Handelns in der Welt – wenn wir uns dessen befleißigen, was wir sollen –, das muß eine Gottheit einordnen in die Welt. Also muß eine Gottheit da sein.

Drei Glaubenspostulate, von denen nicht gewußt werden kann, wie sie in der Realität an sich wurzeln, das ist dasjenige, was Kant gesichert hat nach seinem eigenen Ausspruche: Ich mußte die Erkenntnis vernichten, um für den Glauben Platz zu bekommen. – Und Kant bekommt jetzt nicht für einen Glaubensinhalt im Sinne des Thomas von Aquino Platz, für einen überlieferten Glaubensinhalt, sondern für einen abstrakten Glaubensinhalt – Freiheit, Unsterblichkeit und die Gottesidee –, für einen Glaubensinhalt, der eben herausgeboren wird aus dem die Wahrheit, das heißt den Schein diktierenden menschlichen Individuum.

Damit wird Kant der Erfüller des Nominalismus. Er

wird diejenige Philosophenpersönlichkeit, welche im Grunde genommen alles dem Menschen abspricht, was dieser Mensch haben konnte, um in irgendeine Realität unterzutauchen. Daher gleich jene Reaktion gegen Kant, die zum Beispiel Fichte, die dann Schelling, die dann Hegel vorgenommen haben, auch noch andere Denker des 19. Jahrhunderts. Man braucht nur auf *Fichte* zu sehen, indem er alles dasjenige, was Kant im Grunde genommen nur als eine Scheinwelt oder Erscheinungswelt statuiert hatte, herausholen wollte aus dem eigentlichen schöpferischen Ich, das er aber wurzelnd dachte im Seinsgehalt der Welt. Man braucht nur auf diesen Fichte zu sehen, wie er genötigt war, zu einem intensiveren, man möchte sagen immer mystischer und mystischer werdenden Erleben der Seele zu dringen, um über den Kantianismus hinauszukommen. Fichte konnte nicht einmal glauben, daß Kant das gemeint haben konnte, was in den Kantschen Kritiken wirklich enthalten ist. Er glaubte im Anfang, ich möchte sagen, in einer gewissen philosophischen Naivität, daß er nur die letzte Konsequenz der Kantschen Philosophie zog. Wenn man nicht diese «letzten Konsequenzen» ziehe, meinte Fichte, so müßte man glauben, es habe der wunderlichste Zufall diese Philosophie zusammengestoppelt, jedenfalls aber nicht ein menschlich denkender Kopf.

Das alles steht im Grunde genommen außerhalb dessen, was heraufzieht in der abendländischen Menschheitsentwickelung durch die aufkeimende Naturwissenschaft, die auftritt wie eine Reaktion gerade um die Mitte des 19. Jahrhunderts, die im Grunde genommen gar nichts von der Philosophie versteht und daher bei vielen Denkern in krassen Materialismus ausgeartet ist. Und so sehen wir, wie sich die philosophische Entwickelung in das letzte Drittel des 19. Jahrhunderts herauf entfaltet. Wir sehen gewissermaßen dieses philosophische Streben vollständig in der Nichtigkeit ankommen, und wir sehen dann, wie von allem möglichen, das man anheftet an den Kantianismus und dergleichen, ausging der Versuch, etwas zu begreifen von dem, was eigentlich als Wesenhaftes in der Welt liegt. Was so bedeutend erschienen wäre, wenn man es erfaßt hätte, die Goethesche Weltanschauung, die ging eigentlich, mit Ausnahme der Geister, die sich an Schelling, Hegel und Fichte anlehnten, als Weltanschauung für das 19. Jahrhundert vollständig verloren. Denn in dieser Goetheschen Weltanschauung liegt der Anfang dessen, was eigentlich, nur mit Frontänderung nach der Naturwissenschaft hin, aus dem Thomismus werden muß, indem er sich herauferhebt zu der Entwickelungshöhe der Gegenwart, indem er eine wirkliche Entwickelungsströmung wird.

Thomas konnte es nur bis zu einem abstrakten Statuieren dessen bringen, daß das Seelisch-Geistige wirklich bis in die letzten Tätigkeiten der menschlichen Organe hinunter wirkt. In abstrakter Form sprach das Thomas von Aquino aus: Alles das, bis in die vegetativen Tätigkeiten hinein, was im menschlichen Leibe lebt, wird von dem Seelischen aus dirigiert und muß von dem Seelischen aus erkannt werden. – Goethe macht den Anfang zur Frontänderung in seiner «Farbenlehre», die deshalb so ganz und gar nicht verstanden wird; Goethe macht den Anfang mit seiner «Morphologie», mit seiner Pflanzen- und Tierlehre. Die völlige Erfüllung dieses Goetheanismus wird aber erst gegeben, wenn man eine Geisteswissenschaft hat, die aus ihrer eigenen Kraft Aufklärung über die naturwissenschaftlichen Tatsachen hervorbringt.

Vor einigen Wochen versuchte ich hier auszuführen, wie unsere Geisteswissenschaft zum Beispiel korrigierend der Naturwissenschaft sich gegenüberstellen will, sagen wir, in bezug auf die Lehre vom Herzen. Dieses Herz hat die mechanisch-materialistische Anschauung zu einer Pumpe gemacht, die das Blut durch den menschlichen Körper treibt. Es ist das Gegenteil, dieses Herz: Ein Lebendiges ist die Blutzirkulation – die Embryologie kann es exakt nachweisen, wenn sie nur will –, und das Herz wird durch das innerlich bewegte Blut in Tätigkeit versetzt. Das Herz ist dasjenige, worinnen sich die Bluttätigkeit schließlich statuiert, worinnen die Bluttätigkeit hereingenommen wird in die ganze menschliche Individualität. Die Tätigkeit des Herzens ist eine Folge der Bluttätigkeit, nicht die Bluttätigkeit eine Folge der Herztätigkeit. Und so kann man, wie es hier schon in bezug auf die Einzelheiten gezeigt worden ist in einem Kursus für Ärzte, in bezug auf die einzelnen Organe des Leibes durchaus zeigen, wie die Erfassung des Menschen als eines Geistwesens erst wirklich sein Materielles erklärt. Man kann in einer gewissen Weise real machen dasjenige, was wie in abstrakter Gestalt dem Thomismus vorgeschwebt hat, der da sagte: Das Geistig-Seelische durchdringt alles Leibliche. – Eine konkrete, reale Erkenntnis wird das. Es lebt, indem sie sich entzündet an dem Goetheanismus, die thomistische Philosophie, die im 13. Jahrhundert noch eine abstrakte Gestalt hatte, in unserer Gegenwart als Geisteswissenschaft weiter.

Wenn ich hier ein persönliches Erlebnis einfügen darf, so kann es das folgende sein. Es soll nur illustrieren, in aller Bescheidenheit. Als ich am Ende der achtziger Jahre in Wien im «Wiener Goethe-Verein» sprach über das Thema «Goethe als Vater einer neuen Ästhetik», da war unter den Zuhörern ein sehr gelehrter Zisterzienser. Ich setzte auseinander, wie man sich die Vorstellung Goethes über die Kunst zu denken hat, und da tat dazumal der Pater *Wilhelm Neumann*, ein Zisterzienser, der zugleich Professor an der theologischen Fakultät der Wiener Universität war, den merkwürdigen Ausspruch: Die Keime zu diesem Vortrage, den Sie heute uns gehalten haben, die liegen schon bei Thomas von Aquino! – Es war mir doch ein außerordentlich interessantes Erlebnis, von dem Pater Wilhelm Neumann zu hören, daß er, der natürlich voll eingeschult war, denn es war ja schon nach dem Erscheinen des Neuthomismus innerhalb des katholischen Klerus, der also ganz eingeschult war im Thomismus, daß er empfand, daß im Thomismus etwas liegt wie die Keime zu dem, was da als die Konsequenz der Goetheschen Weltanschauung in bezug auf die Ästhetik gesagt wurde.

Man muß schon sagen: Die Dinge, der Wahrheit gemäß angesehen, nehmen sich durchaus anders aus, als sie sich unter dem Einflusse einer ohnmächtigen nominalistischen Weltanschauung, die zum großen Teil doch auf Kant und die kantianisierende moderne Physiologie zurückgeht, für die Philosophiegeschichte darstellen. Und so würden Sie manches finden, wenn Sie nachsehen in der Geisteswissenschaft. Lesen Sie in meinen «Seelenrätseln», die vor mehreren Jahren erschienen sind, wie da von mir versucht wird, auf Grund von dreißigjährigen Studien die menschliche Wesenheit zu gliedern in drei Glieder; wie da versucht wird zu zeigen, wie das eine Glied des menschlichen physischen Leibes mit der Denk- und Sinnesorganisation zusammenhängt, wie dann das rhythmische System, alles dasjenige, was zum Atmen und zur Herztätigkeit gehört, zusammenhängt mit dem Gefühlssystem, wie der Stoffwechsel mit dem Willenssystem zusammenhängt. Da wird überall der Versuch gemacht, das Geistig-Seelische in seinem Schaffen im Physischen wieder zu finden. Das heißt, die Frontänderung nach der Naturwissenschaft hin wird ernsthaft gemacht. Es wird versucht, so einzudringen in das Gebiet des natürlichen Daseins nach dem Zeitalter der Naturwissenschaft, wie vor dem Zeitalter der Scholastik, der Thomistik – wir haben es bei dem Areopagiten und bei Plotin gesehen –, von der menschlichen Erkenntnis aus in das spirituelle Gebiet eingedrungen worden ist. Es wird mit dem Christus-Prinzip Ernst gemacht, wie mit dem Christus-Prinzip Ernst gemacht worden wäre, wenn man gesagt hätte: Das menschliche Denken kann sich umwandeln, so daß es wirklich hinaufdringen kann, wenn es die Denk-Erbsünde der Erkenntnisgrenze abstreift und sich rein durch sinnlichkeitsfreies Denken hinaufentwickelt in die geistige Welt – *nach* der Frontänderung. Was sich als Natur offenbart, das kann durchdrungen werden als der Schleier des Naturdaseins. Man dringt über die Grenze der Erkenntnis hinaus, die ein Dualismus glaubte aufrichten zu müssen, so wie die Scholastiker die Grenze auf der anderen Seite aufgerichtet haben. Man dringt ein in diese materielle Welt und entdeckt, daß diese eigentlich die geistige ist, daß hinter dem Schleier der Natur in Wahrheit nicht materielle Atome sind, sondern geistige Wesenheiten.

Das zeigt Ihnen, wie eigentlich gedacht wird in einer fortschrittlichen Weise über eine Fortentwickelung des Thomismus im Mittelalter. Suchen Sie die wichtigsten psychologischen Gedanken des Albertus und des Thomas in ihrer Abstraktheit auf. Da wird allerdings nicht so eingedrungen in das Menschlich-Leibliche, daß gesagt wird, wie der Geist oder die Seele arbeiten am Herzen, an der Milz, an der Leber und so weiter, aber es wird schon darauf hingewiesen, daß der ganze menschliche Leib herausentstanden gedacht werden muß aus dem Geistig-Seelischen.

Die Fortsetzung dieses Gedankens ist die Arbeit, wirklich zu verfolgen das Geistig-Seelische bis in die Einzelheiten des Leiblichen hinein. Das macht nicht die Philosophie, das macht nicht die Naturwissenschaft, das wird nur eine Geisteswissenschaft machen, die nicht zurückscheut, die Gedanken, die einmal als große Gedanken in der Menschheitsentwickelung gefaßt worden sind, wie die Gedanken der Hochscholastik, hereinzutragen in unsere Zeit und sie anzuwenden auf all dasjenige, was unsere Zeit an Naturanschauungen gebracht hat. Dazu war allerdings notwendig, wenn die Sache wissenschaftlich bestehen sollte, eine Auseinandersetzung mit dem Kantianismus.

Diese Auseinandersetzung mit dem Kantianismus habe ich versucht zuerst in meiner kleinen Schrift «Wahrheit und Wissenschaft» schon vor Jahren, in den achtziger Jahren des 19. Jahrhunderts in meiner kleinen Schrift «Erkenntnistheorie der Goetheschen Weltanschauung» und dann wiederum in meiner «Philosophie der Freiheit». Nur ganz kurz und ohne Berücksichtigung dessen, daß die Dinge ja, wenn man sie kurz darstellt, scheinbar schwer sind, möchte ich den Grundgedanken, der in diesen Büchern lebt, einmal vor Sie hinstellen.

Diese Bücher gehen aus davon, daß allerdings in der Welt der Wahrnehmung, die um uns herum sich ausbreitet, nicht unmittelbar die Wahrheit gefunden werden kann. Man sieht in einer gewissen Weise, wie in der menschlichen Seele sich festlegt der Nominalismus, wie er die falsche Konsequenz des Kantianismus annehmen kann, aber wie Kant durchaus nicht sah das, womit einmal Ernst gemacht wurde in diesen Büchern. Das ist, daß eine Betrachtung der Wahrnehmungswelt selbst, wenn sie ganz sachlich und gründlich angestellt wird, zu der Erkenntnis führt: Diese Wahrnehmungswelt ist nicht etwas Ganzes, diese Wahrnehmungswelt stellt sich dar als etwas, das *wir* verwirklichen.

Wodurch entstand denn eigentlich die Schwierigkeit des Nominalismus? Wodurch entstand der ganze Kantianismus? Dadurch, daß die Wahrnehmungswelt genommen wird, dann beobachtet man die Wahrnehmungswelt und breitet über sie durch das Seelenleben die Ideenwelt aus. Nun hat man die Anschauung, als ob diese Ideenwelt die äußeren Wahrnehmungen abbilden sollte. Aber die Ideenwelt ist im Innern. Was hat diese im Innern des Menschen befindliche Ideenwelt mit dem, was da draußen ist, zu tun? Diese Frage konnte Kant nicht anders beantworten als dadurch, daß er sagte: Also stülpen wir eben über die Wahrnehmungswelt die Ideenwelt drüber, machen wir die Wahrheit. – So ist die Sache nicht. Die Sache ist so, daß, wenn wir die Wahrnehmung unbefangen betrachten, sie ein Nichtfertiges ist, überall ein Nicht-in-sich-Abgeschlossenes. Das versuchte ich streng zu beweisen zunächst in meinem Buche «Wahrheit und Wissenschaft», dann in meinem Buche «Philosophie der Freiheit». Die Wahrnehmung ist überall so, daß sie als ein Nicht-Abgeschlossenes erscheint. Indem wir uns hereingestellt haben in die Welt, indem wir hereingeboren sind in die Welt, spalten wir die Welt. Die Sache ist so, daß wir den Weltinhalt gewissermaßen hier haben (es wurde gezeichnet). Indem wir uns als Mensch hineinstellen in die Welt, spalten wir den Weltinhalt in die Wahrnehmung, die uns von außen erscheint, und in die Ideenwelt, die uns im Innern der Seele erscheint. Dadurch, daß wir in der Welt sind, spaltet sich für uns die Welt in eine Wahrnehmungswelt und in eine Ideenwelt.

Wer diese Spaltung für eine absolute ansieht, wer einfach sagt: Da ist die Welt, da bin ich –, der kann gar nicht hinüber mit seiner Ideenwelt in die Wahrnehmungswelt. Aber die Sache ist so: Ich schaue mir die Wahrnehmungswelt an; die ist in sich überall nicht fertig, der fehlt überall etwas. Ich selber bin aber mit meinem ganzen Sein aus der Welt, der auch die Wahrnehmungswelt angehört, herausgestiegen. Da schaue ich in mich selber hinein: was ich durch mich selber erblicke, das ist gerade das, was der Wahrnehmungswelt fehlt. Ich muß das, was, indem das Ich in die Welt hineingetreten ist, sich in zwei Glieder auseinandergelegt hat, durch mein eigenes Dasein vereinigen. Ich erarbeite die Wirklichkeit. Dadurch, daß ich geboren bin, erzeugt sich der Schein, indem sich das, was eins ist, in zwei gliedert, in Wahrnehmung und Ideenwelt. Dadurch, daß ich lebe, daß ich werde, daß ich mich entwickle, bringe ich die zwei Strömungen der Wirklichkeit zusammen. Ich in meinem Erkenntniserleben arbeite mich in die Wirklichkeit hinein. Ich würde niemals zu einem Bewußtsein gekommen sein, wenn ich mir nicht abgespalten hätte durch mein Hereingehen in die Welt die Ideenwelt von der äußerlichen Wahrnehmungswelt. Aber ich würde niemals die Brücke zur Welt finden, wenn ich dasjenige, was ich mir abgespalten habe, die Ideenwelt, nicht wiederum in Vereinigung brächte mit dem, was ohne diese Ideenwelt eben keine Wirklichkeit ist.

Kant sucht die Wirklichkeit bloß in der äußeren Wahrnehmung und ahnt gar nicht, daß diese andere Hälfte der Wirklichkeit gerade in dem liegt, was wir in uns tragen. Wir haben das, was wir als Ideenwelt in uns tragen, erst der äußeren Wirklichkeit entrissen. Jetzt ist der Nominalismus gelöst, denn jetzt stülpen wir nicht irgendwie formal Raum und Zeit und Ideen, die bloße Nomina wären, über die äußere Wahrnehmung hinüber, sondern jetzt geben wir in ihrem Erkennen der Wahrnehmung zurück, was wir ihr, wenn wir bei unserer Geburt ins sinnliche Dasein treten, genommen haben.

Auf diese Weise tritt einem des Menschen Beziehung zur geistigen Welt vor die Seele zunächst in einer rein philosophischen Form. Und wer nun meine «Philosophie der Freiheit», die ganz ruht auf diesen erkenntnistheoretischen Untergründen von der Erarbeitung der Wirklichkeit, von dem Hineinleben in die Wirklichkeit durch die menschliche Erkenntnis –, wer diesen Grundgedanken in sich aufnimmt, der schon in dem Titel der Schrift «Wahrheit und Wissenschaft» ausgedrückt ist: daß die wirkliche Wissenschaft Wahrnehmungen und Ideenwelt miteinander vereinigt und in diesem Vereinigen nicht bloß ein Ideelles, sondern einen realen Prozeß sieht, wer nun etwas von einem Weltprozeß sehen kann in diesem Vereinigen von Wahrnehmungs- und Ideenwelt, der steht dabei, den Kantianismus zu überwinden, der steht aber auch dabei, nun endlich fertigzuwerden mit dem Problem, das wir haben aufgehen sehen in der abendländischen Entwickelung, das den Nominalismus hervorgebracht hat, das in der Scholastik manche Lichter geworfen hat im 13. Jahrhundert, das aber zuletzt ohnmächtig gegenüberstand der Scheidung in Wahrnehmung und in Ideenwelt.

Diesem Problem der Individualität kommt man nun nahe auf ethischem Gebiete. Deshalb ist meine «Philosophie der Freiheit» das geworden, was Wirklichkeits-Philosophie ist. Indem das Erkennen nicht bloß ein formaler Akt ist, indem das Erkennen selber ein Wirklichkeitsprozeß ist, stellt sich das ethische, das moralische Handeln als ein Ausfluß desjenigen dar, was in diesem Werden in einem realen Prozeß das Individuum erlebt durch die moralische Phantasie als Intuition. Und es entsteht das, was im zweiten Teil meiner «Philosophie der Freiheit» dargestellt ist, der ethische Individualismus, der nun tatsächlich baut, wenn das auch in meiner «Philosophie der Freiheit» nicht ausgesprochen ist, auf den Christus-Impuls im Menschen. Er baut auf dasjenige, was der Mensch sich erringt als Freiheit, indem er umwandelt das gewöhnliche Denken in dasjenige, was in meiner «Philosophie der Freiheit» das reine Denken genannt wird, das sich erhebt in die geistige Welt und herausgebiert aus der geistigen Welt die Antriebe für die moralischen Handlungen, sie herausgebiert dadurch, daß sich etwas, was sonst an die menschliche Leiblichkeit gebunden ist, der Impuls der Liebe, heraufspiritualisiert. Und indem die sittlichen Ideale aus der geistigen Welt durch die moralische Phantasie entlehnt werden, äußern sie sich in ihrer Kraft, werden die Kraft der geistigen Liebe.

Daher mußte entgegengehalten werden dem Philisterprinzip Kants: Pflicht! Du erhabener Name, der du nichts von Schmeichelei bei dir führst, sondern strenge Unterwerfung forderst – diesem Philisterprinzip, gegen das sich *Schiller* schon aufgelehnt hat –, dem mußte die «Philosophie der Freiheit» entgegensetzen das umgewandelte Ich, das hinauf sich entwickelt hat in die Sphäre der Geistigkeit und oben in der Sphäre der Geistigkeit anfängt, die Tugend zu lieben, und deshalb die Tugend übt, weil es sie aus der Individualität heraus liebt.

So stellte sich auch das, was für Kant ein bloßer Glaubensinhalt geblieben ist, als ein realer Welteninhalt dar. Denn für Kant ist die Erkenntnis etwas Formales, für die «Philosophie der Freiheit» etwas Reales. Es ist ein wirklicher Prozeß, der vorgeht. Daher ist auch dasjenige, was die höhere Sittlichkeit ist, durch sie verknüpft zu einer Realität, aber zu einer Realität, welche Wertphilosophen wie *Windelband* und *Rickert* durchaus nicht erreichen, indem sie nicht daraufkommen, wie das, was sittlich wertvoll ist, eingewurzelt ist in der Welt. Selbstverständlich, diejenigen Menschen, die den Erkenntnisvorgang nicht als einen realen Vorgang ansehen, die kommen schließlich auch nicht zu einer Verankerung der Sittlichkeit in der Seinswelt; die kommen überhaupt zu keiner Wirklichkeitsphilosophie.

Aus dem ganzen Werdegang der abendländischen philosophischen Entwickelung wurde eigentlich die philosophische Grundlegung desjenigen, was hier als Geisteswissenschaft auftritt, herausgeholt. Und ich habe im Grunde genommen heute den Versuch gemacht, Ihnen zu zeigen, wie jener Zisterzienserpater dazumal nicht ganz unrichtig gehört hat: wie wirklich der Versuch vorliegt, die realistischen Elemente der Hochscholastik durch eine Geisteswissenschaft in unser naturwissenschaftliches Zeitalter hereinzustellen, wie Ernst gemacht wurde mit der Umwandlung der menschlichen Seele, mit der wirklichen Erfüllung der menschlichen Seele mit dem Christus-Impuls auch im Gedankenleben. Das Erkenntnisleben ist zu einem realen Faktor im Weltenwerden gemacht, das sich nur auf dem Schauplatz – wie ich in meinem Buche «Goethes Weltanschauung» ausgeführt habe – des menschlichen Bewußtseins vollzieht. Aber das, was sich da auf dem Schauplatze des menschlichen Bewußtseins vollzieht, das ist zugleich Weltenvorgang, das ist ein Geschehen in der Welt; und es ist dasjenige Geschehen, das die Welt und innerhalb der Welt uns selbst vorwärtsbringt.

Da gewinnt das Erkenntnisproblem eine ganze andere Gestalt. Da wird das, was wir erleben, geistig-seelisch in uns zu einem real uns entwickelnden Faktor. Da sind wir das, was hervorgeht aus dem, was wir Erkenntnis nennen. Wie der Magnetismus wirkt in der Gestaltung der Eisenfeilspäne, wenn er die Figuren hervorbringt, die wir kennen als die Ergebnisse der Wirkung des Magnetismus auf die freien Eisenfeilspäne, so wirkt in uns dasjenige, was sich in uns spiegelt als Erkenntnis. Es wirkt zu gleicher Zeit als unser Gestaltungsprinzip, und wir erkennen dann zu gleicher Zeit das Unsterbliche, das Ewige in uns, und wir werfen das Erkenntnisproblem nicht mehr in bloß formaler Weise auf.

Wie wurde immer das Erkenntnisproblem aufgeworfen? Das Erkenntnisproblem wurde immer in Anlehnung an den Kantianismus so aufgeworfen, daß man sich sagte: Wie kommt der Mensch dazu, in dieser Innenwelt ein Abbild der äußeren Welt zu erblicken? – Aber das Erkennen ist zunächst gar nicht dazu da, um Abbilder der äußeren Welt zu schaffen, sondern um uns zu entwickeln, und es ist ein Nebenprozeß, daß wir die Außenwelt abbilden. Wir lassen in der Außenwelt zusammenfließen in einem Nebenprozeß, was wir erst durch unsere Geburt abgespalten haben, und es ist geradeso bei dem modernen Erkenntnisproblem, wie wenn jemand Weizen oder andere Feldprodukte hat und, wenn er das Wesen des Wachstumsprinzips im Weizen untersuchen will, den Weizen auf seinen Nahrungsmitteleffekt untersucht. Gewiß kann man Nahrungsmittelchemiker werden, aber das, was im Weizen wirkt von der Ähre bis zur Wurzel und wieder weiter, das wird nicht durch Nahrungsmittelchemie erkannt. Die erörtert nur irgend etwas, was hinzukommt zu der geradlinig sich fortbewegenden Entwickelungsströmung, die in der Weizenpflanze liegt.

So gibt es eine Entwickelungsströmung des geistigen Lebens in uns, die uns erkraftet, die mit unserem Wesen etwas zu tun hat, wie die Entwickelung der Pflanze von der Wurzel durch den Stamm, durch das Blatt zur Blüte und zur Frucht, und von da wiederum zum Keime und zur Wurzel wird. Und wie das, daß wir das essen, wahrhaftig nicht bei der Wesenserklärung des Pflanzenwachstums eine Rolle spielen soll, so darf auch nicht die Frage nach dem Erkenntniswerte dessen, was in uns als Entwickelungsimpuls lebt, die Grundlage für eine Erkenntnistheorie sein, sondern es muß klar sein, daß das, was wir im äußeren Leben Erkenntnis nennen, ein Nebeneffekt ist der Arbeit des Ideellen in unserer Menschenwesenheit. Da kommen wir zu dem Realen desjenigen, was ideell ist. Es arbeitet in uns. Und nur dadurch ist der falsche Nominalismus, ist der Kantianismus entstanden, daß man die Erkenntnisfrage so aufgeworfen hat, wie man die Frage nach dem Wesen des Weizens von der Nahrungsmittelchemie aus aufwerfen würde.

So kann man sagen: Erst wenn man darauf kommt, was

in unserer Zeit der Thomismus sein kann, was der Thomismus für die Gegenwart sein kann, wie er aufsprießt gerade aus dem, was sein Bedeutendstes im Mittelalter ausmacht, dann sieht man ihn aufsprießen in seiner Gestalt für das 20. Jahrhundert in der Geisteswissenschaft, dann ist er als Geisteswissenschaft wieder da. Und dadurch ist schon ein Licht geworfen auf die Frage: Wie nimmt sich das aus, wenn man jetzt kommt und sagt, gegenüber der Philosophie der Gegenwart müsse zurückgegangen werden zu Thomas von Aquino, und Thomas von Aquino müsse studiert werden, höchstens mit einigen kritischen Erläuterungen und einigen anderem, wie er im 13. Jahrhundert geschrieben hat? – Da sehen wir, was es heißt, in ehrlicher und aufrichtiger Weise sich in die Entwickelungsströmung, die von der Hochscholastik ausgeht, hineinzuversetzen, und was es heißt, bloß mit Übersehen alles dessen, was seit dem 13. Jahrhundert in der europäischen Menschheitsentwickelung vor sich gegangen ist, sich in dieses 13. Jahrhundert zurückzuversetzen. Das ist im Grunde genommen doch dasjenige, was geschehen ist infolge der Enzyklika «Aeterni patris» von 1879, welche die katholischen Kleriker anweist, den Thomas von Aquino für die offizielle Philosophie der katholischen Kirche anzusehen. Ich will hier die Frage nicht erörtern: Wo ist der Thomismus? denn man müßte die Frage erörtern: Ist die Rose, die ich jetzt vor mir habe, am besten angeschaut, wenn ich die Blüte außer acht lasse, nur in die Erde hineingrabe, um die Wurzeln anzuschauen, und übersehe, daß aus dieser Wurzel schon etwas entstanden ist – oder wenn ich hinsehe auf alles dasjenige, was aus dieser Wurzel entstanden ist?

Nun, das alles können Sie sich ja selbst ausmalen. Wir erleben das, was sich unter uns geltend macht, wie eine Wiedererneuerung desjenigen Thomismus, wie er war im 13. Jahrhundert, neben dem, was ehrlich die Entwickelung des europäischen Abendlandes mitmachen will. Wir dürfen demgegenüber fragen: Wo lebt der Thomismus in der Gegenwart? Man braucht ja nur die Frage aufzuwerfen: Wie hat sich Thomas von Aquino selber verhalten zu dem, was ihm dazumal vorlag, zu dem Offenbarungsinhalt? Er hat gesucht, ein Verhältnis zu ihm zu gewinnen. Wir haben die Notwendigkeit, ein Verhältnis zu dem Naturoffenbarungsinhalte zu gewinnen. Da können wir nicht stehenbleiben bei der Dogmatik. Da muß «das Dogma der Erfahrung», wie ich bereits in den achtziger Jahren des vorigen Jahrhunderts geschrieben habe, ebenso überwunden werden wie auf der anderen Seite das Dogma der Offenbarung. Da muß tatsächlich rekurriert werden zu dem geistig-seelischen Inhalt des Menschen, zur Ideenwelt, die das Umwandelnde des Christus-Prinzips in sich aufnimmt, um durch den Christus in uns, das heißt in unserer Ideenwelt, die geistige Welt wiederum zu finden. Soll man denn durchaus dabei stehenbleiben, nur die Ideenwelt auf dem Standpunkte des Abfalles zu lassen? Soll die Ideenwelt der Erlösung nicht teilhaftig werden?

Man konnte im 13. Jahrhundert noch nicht das christliche Erlösungsprinzip in der Ideenwelt finden; deshalb stellte man sie entgegen der Offenbarungswelt. Das muß der Fortschritt der Menschheit in die Zukunft hinein werden, daß nicht nur für die äußere Welt das Erlösungsprinzip gefunden werde, sondern daß das Erlösungsprinzip gefunden werde für die menschliche Vernunft. Die unerlöste menschliche Vernunft nur allein könnte sich nicht in die geistige Welt erheben. Die erlöste menschliche Vernunft, die das wirkliche Verhältnis zu Christus hat, die dringt ein in die geistige Welt.

Eindringen in die geistige Welt von diesem Gesichtspunkte aus ist Christentum des 20. Jahrhunderts, ist Christentum so stark, daß es in die innersten Fasern desjenigen hineindringt, was menschliches Denken, was menschliches Seelenleben ist. Das ist kein Pantheismus, das ist alles dasjenige nicht, als was man es heute verleumdet, das ist Ernst des Christentums. Und vielleicht kann man gerade, wenn sie auch in gewisser Beziehung sich in abstrakte Gebiete verlieren mußte, aus dieser Betrachtung der Philosophie des Thomas von Aquino ersehen, wie Geisteswissenschaft es mit den Problemen des Abendlandes ernst nimmt, wie Geisteswissenschaft aber immer stehen will auf dem Boden der Gegenwart, wie Geisteswissenschaft sich nicht auf einen anderen Boden stellen kann, was auch gegen sie vorgebracht werden mag.

Ich weiß, meine sehr verehrten Anwesenden, was alles an unwahren Dingen jetzt heranschwirrt. Ich könnte mir auch denken, daß nun vielleicht auch wiederum gesagt werden könnte: Ja, der, der hat schon oftmals die Haut gewechselt; der wendet sich jetzt, weil die Sachen brenzlig werden, nun gar zum Thomismus. – Nun, man hat zwar in uralten Zeiten in gewissen Bekenntnissen die Priester auch «Schlangen» genannt. Schlangen häuten sich. So daß gerade auf seiten des Angreifers heute das Häuten verstanden werden kann, obwohl es in dem Sinne ganz gewiß eine Lüge ist, wie es dem vorgeworfen wird, was Sie in meinen Schriften finden. Denn ich habe heute gezeigt, wie gerade die philosophisch getreuliche Grundlegung der Geisteswissenschaft in meinen frühesten Schriften zu finden ist. Aber nun – Häuten hin, Häuten her –, aus dem Ton der Polemiken, die jetzt geführt werden, kann man ersehen, daß diese Leute das Häuten ganz gewiß nicht verstanden haben, daher haben sie so viele Häute bekommen und sind solche Dickhäuter. Aber man könnte vielleicht sagen, es sei herausgefordert dasjenige, was ich in diesen Tagen gesagt habe, wenigstens im Tone, gegenüber dem, was wir als Angriffe auf die Geisteswissenschaft erleben.

Nun darf ich vielleicht auf zwei Tatsachen hinweisen: 1908 habe ich in Stuttgart einen Vortrag gehalten über die philosophische Entwickelung des Abendlandes. In diesem Vortrage fand ich mich genötigt, gar nicht darauf hinzuweisen, daß etwa meine Besprechung des Thomismus Mißfallen finden könnte auf katholisch-klerikaler Seite, denn ich bin dem Thomismus dazumal voll gerecht geworden, habe alles das, was man als seine Verdienste hervorheben kann, sogar mit viel deutlicheren Worten hervorgehoben als es von den Neuthomisten, von *Kleutgen* oder ähnlichen, geschieht. Daher kam ich dazumal gar nicht darauf, daß mir von seiten des katholischen Klerus mein Lob des Thomismus übelgenommen werden könnte, und ich sagte: Wenn man abfällig von der Scholastik spricht, kommt man nicht in die Gefahr, von den sogenannten freien Geistern verketzert zu werden; spricht man aber objektiv darüber, so liegt die Wahrscheinlichkeit nahe, mißverstanden zu werden, und zwar deshalb, weil man sich heute innerhalb der positiven und gerade der intolerantesten Kirchenbewegung vielfach philosophisch ganz mißverständlich auf die Thomistik stützt. Ich habe also gar nicht befürchtet, auf Grund gerade meines Lobes des Thomismus vom katholischen Klerus angegriffen zu werden, sondern von den sogenannten freien Geistern.

Es ist anders gekommen, und die Leute werden sagen: Wir sind ja zuerst diejenigen, denen etwas getan worden ist. – In diesen Tagen ist auch auf meine Bücher hingewiesen worden, die noch um die Wende des 19. und 20. Jahrhunderts geschrieben worden sind, unter anderem auch auf das *Ernst Haeckel* gewidmete Buch. Ich habe dazumal meine «Welt- und Lebensanschauungen im neunzehnten Jahrhundert» geschrieben. Darin finden Sie auf Seite 172 folgenden Satz. Es ist darauf hingewiesen, wie das heutige Denken durchaus kein scharfsinniges, logisches ist; dann ist darauf hingewiesen, wie die Neuscholastik versucht hat, auf das streng Logische des Thomismus sich zu stützen: «Diese Denker konnten sich wirklich in der Ideenwelt bewegen, ohne sich diese Welt in grobsinnlicher Form zu verkörperlichen.» So habe ich von den Scholastikern gesprochen, und dann sprach ich noch von den katholischen Denkern, die dazumal das Studium der Scholastik wieder aufgenommen haben: «Und die katholischen Denker, die sich heute bemühen, diese Gedankenkunst zu erneuern, sind in dieser Beziehung der Berücksichtigung durchaus wert. Es wird immer Geltung haben, was einer von ihnen, der Jesuitenpater Joseph Kleutgen, in seinem Buche ‹Die Philosophie der Vorzeit› (Innsbruck 1878) sagt: ‹Den verschiedenen Lehren über unser Erkennen, die wir soeben wiederholt haben, liegen zwei Sätze zugrunde: der *erste,* daß unsere Vernunft . . .›» und so weiter. Sie sehen, auch wenn der Jesuit Joseph Kleutgen etwas Verdienstvolles getan hat, wurde es anerkannt in dem Buche, das Ernst Haeckel gewidmet war. Es wurde nirgends verleugnet dasjenige, worauf hingewiesen werden mußte zur Steuer der Wahrheit. Warum erwähnt man, wenn man die Tatsache erwähnt – die in jenem Buche ja gerechtfertigt ist –, daß es Ernst Haeckel gewidmet ist, nicht auch, daß der Jesuitenpater Joseph Kleutgen da zu seinem Recht kommt? Doch hat das die Folge gehabt, daß man dazumal gesagt hat, ich sei selber ein verkappter Jesuit. Sehen Sie, damals war ich ein verkappter Jesuit; jetzt lesen Sie in zahlreichen Schriften, in zahlreichen Angriffsartikeln, ich sei Jude. Das wollte ich am Schlusse nur erwähnen, um auch noch in einer kleinen Nuance Licht zu werfen auf das, was eigentlich zugrunde liegt als der innerste Impuls für dasjenige, was ich bei dieser Betrachtung über den Thomismus ausgeführt habe. Jedenfalls glaube ich nicht, daß jemand aus dieser Betrachtung den Schluß ziehen kann, hier sei gesprochen worden zur Herabzerrung des Thomismus, sondern ich glaube, daß jedermann den anderen Schluß ziehen kann.

Diese Betrachtungen wurden gesprochen, um zu erweisen, daß sich in der Hochscholastik des 13. Jahrhunderts im Abendlande eine Kulmination europäischer Geistesentwikkelung gezeigt hat, und daß die gegenwärtige Zeit alle Ursache hat, auf die besondere Wesenheit dieser Kulmination europäischer Geistesentwickelung einzugehen; daß wir unendlich viel lernen können von einem solchen Eingehen, lernen können vor allen Dingen in bezug auf das, was wir im eminentesten Sinne brauchen: Vertiefung unseres Ideenlebens – damit wir hinauskommen über allen Nominalismus, damit wir wiederfinden durch die Durchchristung der Ideen das Christentum, das eindringt in das geistige Sein, dem der Mensch doch entstammen muß, da ihn, wenn er ganz ehrlich und aufrichtig gegen sich ist, nichts anderes befriedigen kann als das Bewußtsein seines geistigen Ursprunges.

ANMERKUNGEN ZU DIESER AUSGABE

Indem Rudolf Steiner diese Vorträge am 15. Mai 1920 ankündigte, betonte er, daß er ja «aus einem gewissen Antriebe heraus» zu Pfingsten über die Philosophie des Thomas von Aquino sprechen werde, und es sei abzuwarten, ob dieser ernsthaften Betrachtung des Thomismus auch vorgeworfen werde, sie sei unberechtigte Propaganda, die von Dornach ausgehe. Aus diesen Worten geht hervor, daß die Vortragsreihe in einer Kampfsituation gehalten werden mußte. Auch der Schlußabschnitt des dritten Vortrages gibt davon eine deutliche Vorstellung, war doch schon am Tag des ersten Vortrages im «Tagblatt für das Birseck, Birsig- und Leimental» zu lesen, in diesen Vorträgen werde «einmal allen denjenigen, die in törichter Weise versuchen, die geistigen Bestrebungen des Goetheanums mit allem möglichen und unmöglichen Unfug in Beziehung zu bringen, die Gelegenheit geboten, zu sehen, wie sich die anthroposophisch orientierte Geisteswissenschaft auseinandersetzt mit Zentralgestalten der geistigen Menschheitsgeschichte.»

Der Gesamttitel könnte zur Annahme verleiten, Thomas' Philosophie sei das Hauptthema; doch zu Beginn des ersten Vortrages spricht Rudolf Steiner selber aus, daß sein eigentliches Ziel, warum er all dieses vorbringe, erst im dritten Vortrag ganz zum Vorschein kommen werde. Hier umschreibt er die Bedeutung, die der Thomismus für eine philosophische und allgemeine Weltanschauung der Gegenwart noch haben kann. Hier ist die Notwendigkeit einer Metamorphose des Thomismus begründet.

In einem öffentlichen Vortrage am 16. Oktober 1916 in Liestal hatte Rudolf Steiner ausgeführt, daß man im strengsten Sinne Anhänger der Thomistik sein und doch die Erkenntnisse der Geisteswissenschaft mit diesem Bekenntnis vereinigen könne. Die Pfingstvorträge 1920 unterbauen nun dieses Anliegen: zu zeigen, daß es darauf ankommt, den Thomismus in einer den heutigen Bedürfnissen der Menschheit entsprechenden Weise weiterzubilden. Durch verschiedene Ereignisse in der näheren Umgebung «herausgefordert», wies Rudolf Steiner in einem öffentlichen Vortrag vom 5. Juni 1920 nochmals darauf hin, daß in der Geisteswissenschaft eine wirkliche Fortsetzung desjenigen liegt, was durch die Hochscholastik für die Zeit des 13. Jahrhunderts angestrebt worden ist.

Von da an reißt die Kette der Hinweise und Ausführungen über das Verhältnis des kirchlich approbierten Thomismus zum geisteswissenschaftlichen Erkenntnisweg nicht mehr ab. In unerhört eindringlicher Weise wird darüber gesprochen im Vortrag vom 30. Juli 1922 über das Geheimnis der Trinität und genau bezeichnet das Verhängnis, welches sich daraus ergab, daß durch die Beschränkung der menschlichen Erkenntnismöglichkeit auf die Sinneswelt die Dogmen verhärtet wurden: «Denn daß der Glaube jemals wirklich ein Verständnis bringen könne, das ist eine Unmöglichkeit. Was erlöst werden muß innerhalb der Menschheit, das ist die Erkenntnis selber, das ist die Zurückführung der Erkenntnis zum Übersinnlichen.» Diese Notwendigkeit, das *Denken* zu erlösen, wird auch im Vortrag vom 26. Januar 1923 überzeugend dargelegt. Dabei erwähnte Rudolf Steiner die Pfingstvorträge 1920 und führte aus, es sei gerade das Schmerzliche, was der anthroposophischen Bewegung so wenig förderlich sei, daß solche Anregungen gar nicht aufgegriffen werden, daß der Zusammenhang des heutigen glänzenden naturwissenschaftlichen Zustandes mit dem, was nun in die Naturwissenschaft hineinfahren müsse, eben nicht gesucht werde.

«Erlösung des Denkens» betiteln daher mit tiefer Berechtigung A. P. Shepherd und Mildred Robertson Nicoll ihre Übertragung der Pfingstvorträge 1920 ins Englische: «The Redemption of Thinking, a Study in the Philosophy of Thomas Aquinas», 1956 in einem Verlag erschienen, der sich sonst andere Aufgaben stellt. Damit ist auch dem englischsprechenden Kulturgebiet ein Weg erschlossen zur Erkenntnis dessen, «wie notwendig es ist, eine wirkliche spirituelle Weltanschauung geltend zu machen» (Vortrag am 15. Juli 1922).

Wer sich mit der Art der Fragestellung und der Gedankenführung von Thomas näher vertraut machen möchte, sei hingewiesen auf die Textübertragungen aus Thomas' Werken, welche Dr. Roman Boos geschaffen hat, und die unter dem Titel «Thomas von Aquino, Übersetzungen, Aufsätze, Vorträge» im Jahre 1959 im Verlag Meier & Cie., Schaffhausen, erschienen sind.

Erwähnte Vorträge:

(GA = Rudolf Steiner Gesamtausgabe)

16. Oktober 1916	«Das menschliche Leben vom Gesichtspunkte der Geisteswissenschaft (Anthroposophie)»: in «Philosophie und Anthroposophie 1904–1918», GA 1965, Bibl.-Nr. 35.

15. Mai 1920	15. Vortrag in «Entsprechungen zwischen Mikrokosmos und Makrokosmos. Der Mensch – eine Hieroglyphe des Weltenalls», GA 1958, Bibl.-Nr. 201.
5. Juni 1920	«Die Wahrheit über die Anthroposophie und deren Verteidigung wider die Unwahrheit», öffentlicher Vortrag in Dornach in «Die Hetze gegen das Goetheanum» (Dornach 1920), in GA Bibl.-Nr. 255 vorgesehen.
15. Juli 1922	Vortrag in Dornach: «Offenbarungsinhalt und Vernunfterkenntnis in der mittelalterlichen Scholastik und im 19. Jahrhundert», in «Menschenfragen und Weltenantworten», GA 1969, Bibl.-Nr. 213.
30. Juli 1922	Vortrag IV in «Das Geheimnis der Trinität», GA 1970, Bibl.-Nr. 214.
26. Januar 1923	Lebendiges Naturerkennen – Intellektueller Sündenfall und spirituelle Sündenerhebung», GA 1966, Bibl.-Nr. 220.

zu Seite

7 *die Aufforderung des Papstes Leo XIII.:* durch die Enzyklika «Aeterni patris» vom 4. August 1879; vgl. kritische Würdigung durch Karl Heyer in «Vom Genius des Mittelalters», Kreßbronn 1960, Seite 113–127.

Albertus Magnus, 1193–1280, lehrte an deutschen Ordensschulen und an der Universität Paris.

Thomas von Aquino, um 1225–1274, Dominikaner, 1323 heilig gesprochen.

8 *Augustinus,* 354–430, seit 395 Bischof in Nordafrika.

9 *Verketzerung des Origenes:* durch das 5. ökumenische Konzil in Konstantinopel im Jahr 553 von Justinian (527–565) bewirkte endgültige Verurteilung der Lehren Origenes' (um 185–254).

als ich vor einer proletarischen Bevölkerung ... vorgetragen hatte: siehe Rudolf Steiner «Mein Lebensgang», Kapitel XXVIII.

10 *«Giordano-Bruno-Bund»:* vgl. dazu die Diskussionsreferate aus dem Jahre 1902 in Band IV der «Veröffentlichungen aus dem literarischen Frühwerk», Seite 137–155. Vorgesehen für GA, Bibl.-Nr. 51.

11 *Augustinus:* siehe auch Rudolf Steiner, «Das Christentum als mystische Tatsache und die Mysterien des Altertums», GA 1959, Bibl.-Nr. 8, darin das letzten Kapitel «Augustinus und die Kirche».

14 *Mani,* 216–277. Manichäische Originalschriften sind erst um die Jahrhundertwende bekanntgeworden. 1905 Funde in Turfan; 1930 Fund koptischer Übersetzungen manichäischer Originale aus dem vierten Jahrhundert in Mittelägypten.

19 *«wenn ich Gott denken wollte»:* in «Bekenntnisse» V, 19.

Wonach fragt Augustinus: in «Die Bekenntnisse des hl. Augustinus», X. Buch, 6. Kapitel.

21 *Aristoteles:* siehe Rudolf Steiner «Das Johannes-Evangelium im Verhältnis zu den drei anderen Evangelien – besonders zu dem Lukas-Evangelium», XII. Vortrag in Kassel am 5. Juli 1909: «Deshalb mußten die Männer des 13. Jahrhunderts zurückgehen bis zu dem alten Aristoteles. Der hatte noch von dem alten Erbgut der Weisheit, und er konnte die Begriffe liefern, durch die man die Wissenschaft mit dem Christentum zusammenbringen konnte.»

22 *Plotin,* 204–269.

Vincenz Knauer, 1828–1894. «Die Hauptprobleme der Philosophie in ihrer Entwicklung und teilweisen Lösungen von Thales bis Robert Hamerling», Wien 1892. Eine Besprechung dieses Buches durch Rudolf Steiner in «Methodische Grundlagen der Anthroposophie 1884–1901», Seite 329 f., GA 1961, Bibl.-Nr. 30.

23 *Franz von Brentano,* 1838–1917, katholischer Priester, 1870 wegen des Unfehlbarkeitsdogmas mit der Kirche gebrochen.

25 *dadurch entstehen erst die Einzelseelen:* vgl. dazu das Schema auf Seite 30.

27 «Wie erlangt man Erkenntnisse der höheren Welten?», GA 1972, Bibl.-Nr. 10, und Taschenbuchausgabe.

29 *«Wer könnte so verblendet sein ...»:* in Contr. Faustum XXXIII., 6; zitiert nach Otto Willmann, «Geschichte des Idealismus» II. Band (1896), S. 256.

30 *Daß Augustinus so verfuhr:* z. B. in «De civitate dei», XI, 26, die Schöpfung als Abbild der dreifaltigen Gottheit: «Wir sind, und wir wissen, daß wir sind, und wir lieben dieses unser Sein und Wissen.» Ferner in «Bekenntnisse», XIII. Buch, 11. Kap.

31 *Scotus Erigena,* um 810 bis um 877. Sein Hauptwerk «De divisione naturae» wurde 1225 durch Papst Honorius in Paris auf dem Scheiterhaufen verbrannt. Seine Trinitätsformel lautete: «Per essentiam patrem, per sapientiam filium, per vitam spiritum sanctum.» Siehe den Vortrag von Rudolf Steiner am 2. Juni 1921 «Dionysius der Areopagite und Johannes Scotus Erigena» in «Perspektiven der Menschheitsentwicklung. Scotus Erigena und der Übergang von einer geistdurchdrungenen zu einer intellektualistischen Weltauffassung», Basel 1958.

34 *Klopstock,* 1724–1803. «Der Messias» 1748/1773.

42 *Pelagius:* Britischer Laienmönch, der bis 410 in Rom tätig war, dann zuerst in Afrika, später in Palästina wirkte; nach 418 wird er nicht mehr genannt.

43 *in der sinnlichen Welt:* In den Nachschriften und früheren Ausgaben stand an dieser Stelle: in der sinnlich-geistigen Welt.

45 *Welt- und Lebensanschauungen im neunzehnten Jahrhundert:* vgl. Rudolf Steiner, «Welt- und Lebensanschauungen im neunzehnten Jahrhundert», Berlin 1901 (Band XIX des Sammelwerks «Am Ende des Jahrhunderts, Rückschau auf 100 Jahre geistiger Entwickelung», Verlag Cronbach). In Band II, Seite 171 f.: «Es hängt alle höhere Weltanschauung davon ab, das Denken selbst zu *fühlen,* es zu erleben. In dieser Richtung könnte das moderne Denken viel lernen von der innerhalb der katholischen Theologie wieder belebten mittelalterlichen Weltanschauung, wie sie namentlich einen gewaltigen Ausdruck gefunden hat in dem Ideengebäude des heil. Thomas von Aquino. Man muß davon absehen können, daß diese Weltanschauung sich von dem kirchlichen Dogmenglauben ganz ins Schlepptau nehmen ließ; man muß den Blick auf ihre Gedankenwelt allein richten können. Diese Denker konnten sich wirklich in der Ideenwelt bewegen, ohne sich diese Welt in grobsinnlicher Form zu verkörperlichen.» (Fortsetzung des Zitats siehe Seite 106 dieser Ausgabe.)

47 *Dionysius der Areopagite:* siehe Rudolf Steiner u. a. in «Das Christentum als mystische Tatsache und die Mysterien des Altertums», GA 1959, Bibl.-Nr. 8, im Abschnitt «Vom Wesen des Christentums».

50 *Scotus Erigena:* Siehe Hinweis zu Seite 31.

51 *Vincenz Knauer:* Siehe Hinweis zu Seite 22.

Franz von Brentano: Siehe Hinweis zu Seite 23.

55 *was Aristoteles den Nous . . . nennt:* sprich «nus».

58 *die Wolfheit und die Lammheit:* Vgl. hierzu Vincenz Knauer, «Die Hauptprobleme der Philosophie . . .», Wien 1892, S. 137 (21. Vorlesung während des Wintersemesters).

59 *Johannes Roscellin von Compiègne,* um 1050–1120.

Synode zu Soissons: Fand im Jahre 1092 statt.

67 *Averroës,* 1126–1198, arabischer Philosoph.

71 *Wie wird das Denken christlich gemacht?:* vgl. u. a. den Vortrag von Rudolf Steiner am 30. Juli 1922 in «Das Geheimnis der Trinität», GA 1970, Bibl.-Nr. 214.

74 *Johannes Duns Scotus,* 1266–1308, schottischer Theologe, lehrte in Paris, England und Köln.

75 *Wilhelm von Ockham,* um 1300–1349, englischer Scholastiker, eigentlicher Systematiker des Nominalismus, lehrte in Paris.

76 *dem selbst die Trinität auseinandergefallen ist wegen seines Nominalismus:* siehe dazu den Vortrag vom 27. Januar 1923 in «Lebendiges Naturerkennen, intellektueller Sündenfall und spirituelle Sündenerhebung», GA 1966, Bibl.-Nr. 220.

77 *Gottfried Wilh. von Leibniz,* 1646–1716, «Monadologie» 1714.

78 *René Descartes* (Cartesius), 1596–1650.

Augustinus ringt sich aus jenem Zweifel heraus: siehe u. a. De vera relig, 73; De civit. dei XI 26 f.

80 *Benedictus Baruch Spinoza,* 1632–1677.

81 *«mit unserem Denken zur Intuition erheben . . .»:* in Spinoza, «Kurze Abhandlung von Gott und dem Menschen . . .» (1658 bis 1660): «Die das ganze All und so auch uns erfüllende göttliche Intuition ist Ausgangspunkt und Endziel.»

des Juden Spinoza folgender Satz: z. B. im 73. Brief vom November 1675 an H. Oldenburg: «sage ich, daß es zum Heile nicht schlechthin notwendig ist, Christus nach dem Fleische zu erkennen, daß es aber etwas ganz anderes ist mit jenem ewigen Sohn Gottes, d. h. mit Gottes ewiger Weisheit, die sich in allen Dingen und am meisten im menschlichen Geiste und von allem am meisten in Christo Jesu kundgetan hat.» (Sämtliche Werke, 3. Band, Leipzig 1914, übersetzt von C. Gebhardt.)

83 *John Locke*, 1632–1704, Vertreter des Empirismus.

Baco von Verulam, 1561–1626, Begründer des neuzeitlichen Empirismus.

84 *David Hume*, 1711–1776.

86 *bei einer berühmten Naturforscherversammlung:* die 45. Versammlung deutscher Naturforscher und Ärzte (1872). Die sog. Ignorabimus-Rede von Emil Du Bois-Reymond wurde 1882 veröffentlicht in «Über die Grenzen der Naturerkenntnis». Vgl. dazu Rudolf Steiner «Grenzen der Naturerkenntnis», GA 1969, Bibl.-Nr. 322.

Emil Du Bois-Reymond, 1818–1896.

87 *Johannes Volkelt*, 1848–1930.

Hermann Cohen, 1842–1918.

Immanuel Kant, 1724–1804.

90 *den kategorischen Imperativ:* zuerst erwähnt im 2. Abschnitt der «Grundlegung zur Metaphysik der Sitten», Riga 1785.

Kant ... nach seinem eigenen Ausspruche: in der Vorrede zur zweiten Auflage der «Kritik der reinen Vernunft», Riga 1787: «Ich mußte also das *Wissen* aufheben, um zum *Glauben* Platz zu bekommen ...»

91 *Fichte konnte nicht einmal glauben, daß Kant ...:* siehe Fichte «Grundriß des Eigentümlichen der Wissenschafts-Lehre» (1795), 2. Aufl. 1802). Kant bezeichnete in einer öffentlichen Erklärung am 7. August 1799 Fichtes «Wissenschaftslehre» als ein gänzlich verfehltes System – und Fichte nannte ihn darauf einen «Dreiviertel-Kopf».

93 *Kursus für Ärzte:* Rudolf Steiner «Geisteswissenschaft und Medizin», GA 1961, Bibl.-Nr. 312.

«Goethe als Vater einer neuen Ästhetik»: Vortrag am 9. November 1888, in «Kunst und Kunsterkenntnis», GA 1961, Bibl.-Nr. 271, sowie als Einzelausgabe.

93 *Pater Wilhelm Neumann:* vgl. Rudolf Steiner, «Mein Lebensgang», VII. Kap.

94 *Lesen Sie in meinen «Seelenrätseln»:* Rudolf Steiner, «Von Seelenrätseln», GA 1960, Bibl.-Nr. 21. In diesem Werk wurde erstmals die innere Gliederung des physischen Menschen als dreigliedriger Organismus öffentlich dargestellt.

96 «Wahrheit und Wissenschaft», GA 1958, Bibl.-Nr. 3; «Grundlinien einer Erkenntnistheorie der Goetheschen Weltanschauung», GA 1960, Bibl.-Nr. 2; «Die Philosophie der Freiheit», GA 1972, Bibl.-Nr. 4.

100 *dem Philisterprinzip Kants:* Die These von Kant in seiner «Kritik der praktischen Vernunft» 1788, lautet: «Pflicht! Du erhabener großer Name, der du nichts Beliebtes, was Einschmeichelung bei sich führt, in dir fassest, sondern Unterwerfung verlangst...» – Die Antithese von Rudolf Steiner im Abschritt über «Die Idee der Freiheit» in «Die Philosophie der Freiheit», GA 1972, Bibl.-Nr. 4.

Wilhelm Windelband, 1848–1915.

Heinrich Rickert, 1863–1936.

104 *ein Verhältnis zu dem Naturoffenbarungsinhalte:* vgl. den Vortrag Rudolf Steiners am 15. Juli 1922 in «Menschenfragen und Weltenantworten», GA 1969, Bibl.-Nr. 213.

das Dogma der Erfahrung»: siehe Rudolf Steiner «Grundlinien einer Erkenntnistheorie der Goetheschen Weltanschauung mit besonderer Rücksicht auf Schiller», GA 1960, Bibl.-Nr. 2.

Die unerlöste menschliche Vernunft: vgl. dazu den Vortrag Rudolf Steiners vom 30. Juli 1922, in «Das Geheimnis der Trinität», GA 1970, Bibl.-Nr. 214.

106 *Vortrag gehalten über die philosophische Entwickelung des Abendlandes:* siehe Rudolf Steiner «Philosophie und Anthroposophie 1904–1918», GA 1965, Bibl.-Nr. 35, Seite 78 f.

Joseph Kleutgen, 1811–1893, katholischer Theologe, der erste große Vertreter des Neuthomismus in deutscher Sprache; er schrieb: «Die Philosophie der Vorzeit verteidigt» (2 Bde.) und «Die Theologie der Vorzeit verteidigt» (5 Bde.).

meine «Welt- und Lebensanschauungen im neunzehnten Jahrhundert»: s. Hinweis zu Seite 45.

LITERATURHINWEIS

Zur Weiterführung und Vertiefung der Darstellungen des vorliegenden Bandes sei auf folgende Ausgaben von Rudolf Steiner verwiesen:

Schriften

Grundlinien einer Erkenntnistheorie der Goetheschen Weltanschauung mit besonderer Rücksicht auf Schiller. GA 1960, Bibl.-Nr. 2

Wahrheit und Wissenschaft. Vorspiel einer Philosophie der Freiheit. GA 1958, Bibl.-Nr. 3

Die Philosophie der Freiheit. Grundzüge einer modernen Weltanschauung. Seelische Beobachtungsresultate nach naturwissenschaftlicher Methode. GA 1972, Bibl.-Nr. 4

Goethes Weltanschauung. GA 1960, Bibl.-Nr. 6

Das Christentum als mystische Tatsache und die Mysterien des Altertums. GA 1959, Bibl.-Nr. 8

Die Rätsel der Philosophie in ihrer Geschichte als Umriß dargestellt. GA 1968, Bibl.-Nr. 18

Kosmologie, Religion und Philosophie. GA 1956, Bibl.-Nr. 25

Philosophie und Anthroposophie. Gesammelte Aufsätze 1904–1918. GA 1965, Bibl.-Nr. 35

Vorträge

Anthroposophie, ihre Erkenntniswurzeln und Lebensfrüchte. Mit einer Einleitung über den Agnostizismus als Verderber echten Menschentums. Acht Vorträge, Stuttgart 29. August–6. September 1921. GA 1968, Bibl.-Nr. 78

Der Mensch im Lichte von Okkultismus, Theosophie und Philosophie. Zehn Vorträge, Kristiania (Oslo) 2.–12. Juni 1912. GA 1956, Bibl.-Nr. 137

Der menschliche und der kosmische Gedanke. Vier Vorträge, Berlin 20.–23. Januar 1914. GA 1961, Bibl.-Nr. 151

Der Goetheanismus, ein Umwandlungsimpuls und Auferstehungsgedanke. Menschenwissenschaft und Sozialwissenschaft. Zwölf Vorträge, Dornach 3. Januar–2. Februar 1919. GA 1967, Bibl.-Nr. 188

Lebendiges Naturerkennen, intellektueller Sündenfall und spirituelle Sündenerhebung. Zwölf Vorträge, Dornach 5.–28. Januar 1923. GA 1966, Bibl.-Nr. 220

Das Lebenswerk, welches Rudolf Steiner der Nachwelt hinterlassen hat, dürfte nach Gehalt und Umfang innerhalb der Kulturwelt wohl ohne Beispiel dastehen. Seine Schriften – die Werke und Aufsätze – bilden die Grundlage für das, was er im Laufe seines Lebens in Vorträgen und Kursen seinen Zuhörern als «anthroposophisch orientierte Geisteswissenschaft» von immer neuen Aspekten aus darstellte und ausführte. Der größte Teil dieser rund sechstausend Vorträge ist in Nachschriften erhalten geblieben. Daneben entfaltete er auch auf künstlerischem Gebiet eine große Tätigkeit, welche ihren Höhepunkt in der Errichtung des ersten Goetheanumbaues in Dornach fand. So liegen eine große Anzahl malerischer, plastischer und architektonischer Arbeiten, Entwürfe und Skizzen von seiner Hand vor. Die durch ihn gegebenen Anregungen für die Erneuerung zahlreicher Lebensgebiete beginnen in der gegenwärtigen Zeit vermehrte Beachtung zu finden.

Seit dem Jahre 1956 wird durch die «Rudolf Steiner-Nachlaßverwaltung» an der Herausgabe der *«Rudolf Steiner Gesamtausgabe»* gearbeitet, die einen Umfang von etwa 330 Bänden erhalten wird. In den beiden ersten Abteilungen erscheinen die *Schriften* und das *Vortragswerk*, während in einer dritten Abteilung das *künstlerische Werk* in geeigneter Form zur Wiedergabe gelangt.

Einen systematischen Überblick über das Gesamtwerk gibt die 1961 erschienene Bibliographie: *«Rudolf Steiner. Das literarische und künstlerische Werk. Eine bibliographische Übersicht»*, auf welche sich die im folgenden verwendete Bezeichnung «Bibl.-Nr.» bezieht. Über den jeweiligen Stand der erschienenen Bände orientiert der Katalog des «Rudolf Steiner Verlages».

Chronologischer Lebensabriß
(zugleich Übersicht über die geschriebenen Werke)

1861 Am 27. Februar wird Rudolf Steiner in Kraljevec (damals Österreich-Ungarn, heute Jugoslawien) als Sohn eines Beamten der österreichischen Südbahn geboren. Seine Eltern stammen aus Niederösterreich. Er verlebt seine Kindheit und Jugend an verschiedenen Orten Österreichs.

1872 Besuch der Realschule in Wiener-Neustadt bis zum Abitur 1879.

1879 Studium an der Wiener Technischen Hochschule: Mathematik und Naturwissenschaft, zugleich Literatur, Philosophie und Geschichte. Grundlegendes Goethe-Studium.

1882 Erste schriftstellerische Tätigkeit.

1882–1897 Herausgabe von Goethes Naturwissenschaftlichen Schriften in Kürschners «Deutsche National-Literatur», vier Bände. Eine selbständige Ausgabe der Einleitungen erschien 1925 unter dem Titel *Goethes Naturwissenschaftliche Schriften* (Bibl.-Nr. 1).

1884–1890 Privatlehrer bei einer Wiener Familie.

1886 Berufung zur Mitarbeit bei der Herausgabe der großen Goethe «Sophien-Ausgabe».
Grundlinien einer Erkenntnistheorie der Goetheschen Weltanschauung mit besonderer Rücksicht auf Schiller (Bibl.-Nr. 2).

1888 Herausgeber der «Deutschen Wochenschrift», Wien (Aufsätze daraus in Bibl.-Nr. 31). Vortrag im Wiener Goethe-Verein: *Goethe als Vater einer neuen Ästhetik* (in Bibl.-Nr. 30).

1890–1897 Weimar. Mitarbeit am Goethe- und Schiller-Archiv. Herausgeber von Goethes Naturwissenschaftlichen Schriften.

1891 Promotion zum Doktor der Philosophie an der Universität Rostock. 1892 erscheint die erweiterte Dissertation: *Wahrheit und Wissenschaft. Vorspiel einer Philosophie der Freiheit* (Bibl.-Nr. 3).

1894 *Die Philosophie der Freiheit. Grundzüge einer modernen Weltanschauung. Seelische Beobachtungsresultate nach naturwissenschaftlicher Methode* (Bibl.-Nr. 4).

1895 *Friedrich Nietzsche. Ein Kämpfer gegen seine Zeit* (Bibl.-Nr. 5).

1897 *Goethes Weltanschauung* (Bibl.-Nr. 6).
Übersiedlung nach Berlin. Herausgabe des «Magazin für Literatur» und der «Dramaturgischen Blätter» zusammen mit O. E. Hartleben. (Aufsätze daraus in Bibl.-Nrn. 29–32.) Wirksamkeit in der «Freien literarischen Gesellschaft», der «Freien dramatischen Gesellschaft», im «Giordano Bruno-Bund», im Kreis der «Kommenden» u. a.

1899–1904	Lehrtätigkeit an der von W. Liebknecht gegründeten Berliner «Arbeiter-Bildungsschule».
1900/01	*Welt- und Lebensanschauungen im 19. Jahrhundert,* 1914 erweitert zu: *Die Rätsel der Philosophie* (Bibl.-Nr. 18). Beginn der anthroposophischen Vortragstätigkeit auf Einladung der Theosophischen Gesellschaft in Berlin. *Die Mystik im Aufgange des neuzeitlichen Geisteslebens* (Bibl.-Nr. 7).
1902–1912	Aufbau der Anthroposophie. Regelmäßige öffentliche Vortragstätigkeit in Berlin und ausgedehnte Vortragsreisen in ganz Europa. Marie von Sivers (ab 1914 Marie Steiner) wird seine ständige Mitarbeiterin.
1902	*Das Christentum als mystische Tatsache und die Mysterien des Altertums* (Bibl.-Nr. 8).
1903	Begründung und Herausgabe der Zeitschrift «Luzifer», später *«Lucifer-Gnosis»* (Aufsätze in Bibl.-Nr. 34).
1904	*Theosophie. Einführung in übersinnliche Welterkenntnis und Menschenbestimmung* (Bibl.-Nr. 9).
1904/05	*Wie erlangt man Erkenntnisse der höheren Welten?* (Bibl.-Nr. 10). *Aus der Akasha-Chronik* (Bibl.-Nr. 11). *Die Stufen der höheren Erkenntnis* (Bibl.-Nr. 12).
1910	*Die Geheimwissenschaft im Umriß* (Bibl.-Nr. 13).
1910–1913	In München werden die *Vier Mysteriendramen* (Bibl.-Nr. 14) uraufgeführt.
1911	*Die geistige Führung des Menschen und der Menschheit* (Bibl.-Nr. 15).
1912	*Anthroposophischer Seelenkalender. Wochensprüche* (in Bibl.-Nr. 40, und selbständige Ausgaben). *Ein Weg zur Selbsterkenntnis des Menschen* (Bibl.-Nr. 16).
1913	Trennung von der Theosophischen und Begründung der Anthroposophischen Gesellschaft. *Die Schwelle der geistigen Welt* (Bibl.-Nr. 17).
1913–1923	Errichtung des in Holz als Doppelkuppelbau gestalteten ersten Goetheanum in Dornach/Schweiz.
1914–1923	Dornach und Berlin. In Vorträgen und Kursen in ganz Europa gibt Rudolf Steiner Anregungen für eine Erneuerung auf vielen Lebensgebieten: Kunst, Pädagogik, Naturwissenschaften, soziales Leben, Medizin, Theologie. Weiterbildung der 1912 inaugurierten neuen Bewegungskunst «Eurythmie».

1914 *Die Rätsel der Philosophie in ihrer Geschichte als Umriß dargestellt* (Bibl.-Nr. 18).

1916–1918 *Vom Menschenrätsel* (Bibl.-Nr. 20). *Von Seelenrätseln* (Bibl.-Nr. 21). *Goethes Geistesart in ihrer Offenbarung durch seinen «Faust» und durch das Märchen «Von der Schlange und der Lilie»* (Bibl.-Nr. 22).

1919 Rudolf Steiner vertritt den Gedanken einer «Dreigliederung des sozialen Organismus» in Aufsätzen und Vorträgen, vor allem im Süddeutschen Raum. *Die Kernpunkte der sozialen Frage in den Lebensnotwendigkeiten der Gegenwart und Zukunft* (Bibl.-Nr. 23). *Aufsätze über die Dreigliederung des sozialen Organismus* (Bibl.-Nr. 24). Im Herbst wird in Stuttgart die «Freie Waldorfschule» begründet, die Rudolf Steiner bis zu seinem Tode leitet.

1920 Beginnend mit dem Ersten anthroposophischen Hochschulkurs finden im noch nicht vollendeten Goetheanum fortan regelmäßig künstlerische und Vortragsveranstaltungen statt.

1921 Begründung der Wochenschrift «Das Goetheanum» mit regelmäßigen Aufsätzen und Beiträgen Rudolf Steiners (in Bibl.-Nr. 36).

1922 *Kosmologie, Religion und Philosophie* (Bibl.-Nr. 25). In der Silvesternacht 1922/23 wird der Goetheanumbau durch Brand vernichtet. Für einen neuen in Beton konzipierten Bau kann Rudolf Steiner in der Folge nur noch ein erstes Außenmodell schaffen.

1923 Unausgesetzte Vortragstätigkeit, verbunden mit Reisen. Zu Weihnachten 1923 Neubegründung der «Anthroposophischen Gesellschaft» als «Allgemeine Anthroposophische Gesellschaft» unter der Leitung Rudolf Steiners.

1923–1925 Rudolf Steiner schreibt in wöchentlichen Folgen seine unvollendet gebliebene Selbstbiographie *Mein Lebensgang* (Bibl.-Nr. 28) sowie *Anthroposophische Leitsätze* (Bibl.-Nr. 26), und arbeitet mit Dr. Ita Wegman an dem Buch *Grundlegendes für eine Erweiterung der Heilkunst nach geisteswissenschaftlichen Erkenntnissen* (Bibl.-Nr. 27).

1924 Steigerung der Vortragstätigkeit. Daneben zahlreiche Fachkurse. Letzte Vortragsreisen in Europa. Am 28. September letzte Ansprache zu den Mitgliedern. Beginn des Krankenlagers.

1925 Am 30. März stirbt Rudolf Steiner in Dornach.

RUDOLF STEINER GESAMTAUSGABE

Überblick über das literarische und künstlerische Werk

Erste Abteilung: Die Schriften

I. *Werke*

Goethes Naturwissenschaftliche Schriften (Bibl.-Nr. 1)
Grundlinien einer Erkenntnistheorie der Goetheschen Weltanschauung (Bibl.-Nr. 2)
Wahrheit und Wissenschaft. Vorspiel einer Philosophie der Freiheit (Bibl.-Nr. 3)
Die Philosophie der Freiheit (Bibl.-Nr. 4)
Friedrich Nietzsche, ein Kämpfer gegen seine Zeit (Bibl.-Nr. 5)
Goethes Weltanschauung (Bibl.-Nr. 6)
Die Mystik im Aufgange des neuzeitlichen Geisteslebens und ihr Verhältnis zur modernen Weltanschauung (Bibl.-Nr. 7)
Das Christentum als mystische Tatsache und die Mysterien des Altertums (Bibl.-Nr. 8)
Theosophie. Einführung in übersinnliche Welterkenntnis und Menschenbestimmung (Bibl.-Nr. 9)
Wie erlangt man Erkenntnisse der höheren Welten? (Bibl.-Nr. 10)
Aus der Akasha-Chronik (Bibl.-Nr. 11)
Die Stufen der höheren Erkenntnis (Bibl.-Nr. 12)
Die Geheimwissenschaft im Umriß (Bibl.-Nr. 13)
Vier Mysteriendramen: Die Pforte der Einweihung – Die Prüfung der Seele – Der Hüter der Schwelle – Der Seelen Erwachen (Bibl.-Nr. 14)
Die geistige Führung des Menschen und der Menschheit (Bibl.-Nr. 15)
Anthroposophischer Seelenkalender (in Bibl.-Nr. 40)
Ein Weg zur Selbsterkenntnis des Menschen (Bibl.-Nr. 16)
Die Schwelle der geistigen Welt (Bibl.-Nr. 17)
Die Rätsel der Philosophie in ihrer Geschichte als Umriß dargestellt (Bibl.-Nr. 18)
Vom Menschenrätsel (Bibl.-Nr. 20)
Von Seelenrätseln (Bibl.-Nr. 21)
Goethes Geistesart in ihrer Offenbarung durch seinen «Faust» und durch das Märchen von der «Schlange und der Lilie» (Bibl.-Nr. 22)
Die Kernpunkte der sozialen Frage in den Lebensnotwendigkeiten der Gegenwart und Zukunft (Bibl.-Nr. 23)
Aufsätze über die Dreigliederung des sozialen Organismus und zur Zeitlage 1915–1921 (Bibl.-Nr. 24)
Kosmologie, Religion und Philosophie (Bibl.-Nr. 25)

Anthroposophische Leitsätze (Bibl.-Nr. 26)

Grundlegendes für eine Erweiterung der Heilkunst nach geisteswissenschaftlichen Erkenntnissen. Von Dr. Rudolf Steiner und Dr. Ita Wegman (Bibl.-Nr. 27)

Mein Lebensgang (Bibl.-Nr. 28)

II. *Gesammelte Aufsätze*

Gesammelte Aufsätze zur Dramaturgie 1889–1900 (Bibl.-Nr. 29)

Methodische Gundlagen der Anthroposophie. Gesammelte Aufsätze zur Philosophie, Naturwissenschaft, Ästhetik und Seelenkunde 1884–1901 (Bibl.-Nr. 30)

Gesammelte Aufsätze zur Kultur- und Zeitgeschichte 1887–1901 (Bibl.-Nr. 31)

Gesammelte Aufsätze zur Literatur 1886–1902 (Bibl.-Nr. 32)

Biographien und biographische Skizzen 1894–1905 (Bibl.-Nr. 33)

Luzifer-Gnosis. Grundlegende Aufsätze zur Anthroposophie und Berichte aus der Zeitschrift «Lucifer» und «Luzifer-Gnosis» 1903–1908 (Bibl.-Nr. 34)

Philosophie und Anthroposophie. Gesammelte Aufsätze 1904–1918 (Bibl.-Nr. 35)

Der Goetheanumgedanke inmitten der Kulturkrisis der Gegenwart. Gesammelte Aufsätze aus der Wochenschrift «Das Goetheanum» 1921–1925 (Bibl.-Nr. 36)

III. *Veröffentlichungen aus dem Nachlaß*

Briefe – Wahrspruchworte – Bühnenbearbeitungen – Entwürfe zu den Vier Mysteriendramen 1910–1913 – Anthroposophie. Ein Fragment aus dem Jahre 1910 – Gesammelte Skizzen und Fragmente – Aus Notizbüchern und -blättern (Bibl.-Nrn. 38–47)

Zweite Abteilung: Das Vortragswerk

I. *Öffentliche Vorträge*

Die Berliner öffentlichen Vortragsreihen («Architektenhaus-Vorträge») 1903/04–1917/18 (Bibl.-Nrn. 51–67)

Öffentliche Vorträge, Vortragsreihen und Hochschulkurse an anderen Orten Europas 1906–1924 (Bibl.-Nrn. 68–84)

II. *Vorträge von Mitgliedern der Anthroposophischen Gesellschaft*

Vorträge und Vortragszyklen allgemein-anthroposophischen Inhalts – Evangelien-Betrachtungen – Christologie – Geisteswissenschaftliche Menschenkunde – Kosmische und menschliche Geschichte – Die geistigen Hintergründe der sozialen Frage – Der Mensch in seinem Zusammenhang mit dem Kosmos – Karma-Betrachtungen (Bibl.-Nrn. 91–244)

Vorträge und Schriften zur Geschichte der anthroposophischen Bewegung und der Anthroposophischen Gesellschaft (Bibl.-Nrn. 251–263)

III. *Vorträge und Kurse zu einzelnen Lebensgebieten*

Vorträge über Kunst: Allgemein-Künstlerisches – Eurythmie – Sprachgestaltung und Dramatische Kunst – Musik – Bildende Künste – Kunstgeschichte (Bibl.-Nrn. 271–292)

Vorträge über Erziehung (Bibl.-Nrn. 293–311)

Vorträge über Medizin (Bibl.-Nrn. 312–319)

Vorträge über Naturwissenschaft (Bibl.-Nrn. 320–327)

Vorträge über das soziale Leben und die Dreigliederung des sozialen Organismus (Bibl.-Nrn.328–341)

Vorträge für die Arbeiter am Goetheanumbau (Bibl.-Nrn. 347–354)

Dritte Abteilung: Das künstlerische Werk

Reproduktionen und Veröffentlichungen aus dem künstlerischen Nachlaß

Originalgetreue Wiedergaben von malerischen und graphischen Entwürfen und Skizzen in Kunstmappen oder als Einzelblätter

---

Die Bände der Rudolf Steiner Gesamtausgabe sind innerhalb einzelner Gruppen einheitlich ausgestattet. Jeder Band ist einzeln erhältlich.